"UN PENSAMIENTO PARA CADA DÍA"

Colección de pensamientos o reflexiones del personaje para cada uno de los días del año. El autor que figura en cada libro ha seleccionado los textos. Formato 10x14,5 cm.

1. **DAVID: LOS SALMOS.** Juan Gil. 192 p. 4 €
2. **SALOMÓN Y LOS SABIOS.** Antonio González. 160p. 4 €
3. **SAN PABLO.** Juan Gil. 216 p. 5 €
4. **SAN AGUSTÍN.** Antonio González. 158 p. 4 €
5. **PADRES DE LA IGLESIA/1.** Pablo Cervera. 170 p. 4 €
6. **SANTO TOMÁS DE AQUINO.** A. González. 192 p. 4,50 €
7. **SANTA CATALINA DE SIENA.** A. González. 188 p. 4,50 €
8. **SAN IGNACIO DE LOYOLA.** P. Cervera. 158 p. 4 €
9. **SANTA TERESA.** Carmelitas Descalzas. 160 p. 4 €
10. **SAN JUAN DE LA CRUZ.** P. Cervera. 156 p. 4 €
11. **SAN JUAN DE ÁVILA.** P. Cervera. 164 p. 4 €
12. **FRAY LUIS DE GRANADA.** A. González. 204 p. 4,50 €
13. **SAN FRANCISCO DE SALES.** P. Cervera. 158 p. 4 €
14. **EL CURA DE ARS.** P. Cervera. 128 p. 4 €
15. **SANTA TERESITA.** P. Cervera. 184 p. 4,50 €
16. **SAN JUAN BOSCO.** A. González. 128 p. 3,50 €
17. **SAN CLAUDIO DE LA COLOMBIÈRE.** P. Cervera. 136 p. 3,70 €
18. **SANTA FAUSTINA KOWALSKA.** P. Cervera. 194 p. 4 €
19. **SANTA GENOVEVA TORRES.** P. Cervera. 156 p. 4 €
20. **SANTA ÁNGELA DE LA CRUZ.** P. Cervera. 160 p. 4 €
21. **SANTA MARAVILLAS DE JESÚS.** Carmelitas Descalzas. 160 p. 4 €
22. **PADRE PÍO.** A. González. 144 p. 3,50 €
23. **MADRE TERESA DE CALCUTA.** P. Cervera. 168 p. 4 €
24. **JUAN PABLO II.** J. Gil. 158 p. 4 €
25. **PADRES DE LA IGLESIA/2.** P. Cervera. 170 p. 4 €
26. **SANTA MARGARITA Mª DE ALACOQUE.** P. Cervera. 136 p. 3,50€
27. **SAN FRANCISCO JAVIER.** P. Cervera. 130 p. 4 €
28. **SAN RAFAEL ARNÁIZ BARÓN.** P. Cervera. 168 p. 4 €
29. **SAN JOSEMARÍA ESCRIVÁ DE BALAGUER.** E. Fernández. 192 p. 4 €
30. **ROGER DE TAIZÉ.** A. González. 192 p. 4 €
31. **MEDJUGORJE. MENSAJES DE NTRA. SRA.** J. Gil. 248 p. 5,50 €
32. **SAN PEDRO JULIÁN EYMARD.** Susana Aylwin. 160 p. 5 €
33. **BEATA ESPERANZA DE JESÚS.** Concepción Caballero. 176 p. 4 €
34. **SANTO TOMÁS MORO.** P. Cervera. 184 p. 5 €
35. **SANTA GEMA GALGANI.** P. Cervera. 140 p. 5,50 €
36. **SAN FELIPE NERI.** P. Cervera. 108 p. 5 €
37. **SAN ALBERTO HURTADO.** P. Cervera. 144 p. 5 €
38. **BEATO CARLOS DE FOUCAULD.** P. Cervera. 140 p. 5,50 €
39. **SAN ANTONIO DE PADUA.** A. González. 140 p. 5,50 €
40. **SAN VICENTE DE PAUL.** A. González. 140 p. 5,50 €

UN PENSAMIENTO PARA CADA DÍA/9
Colección dirigida por José A. Martínez Puche, O.P.

366 textos de
Santa Teresa

Selección de textos:
**MM. Carmelitas Descalzas
de la Encarnación de Ávila**

EDIBESA

Colección:
«UN PENSAMIENTO PARA CADA DÍA» Nº 9

© EDIBESA
Adaptación 62. Pol. Ind. "Los Olivos"
28906 GETAFE
Teléfono: 91 345 19 92
edibesa@edibesa.com
www.edibesa.com

ISBN: 978-84-8407-935-4
Depósito legal: M. 22.388-2010

Impreso en España - Printed in Spain
Por: Estugraf (Madrid)

INTRODUCCIÓN

Teresa Sánchez de Cepeda y Ahumada nació el 28 de marzo de 1515 en la ciudad de Ávila, en el seno de una familia numerosa, hija de padres virtuosos, como ella misma recuerda al comienzo del *Libro de la vida:* "El tener padres virtuosos y temerosos de Dios me bastara, si yo no fuera tan ruin, con lo que el Señor me favorecía para ser buena... Era mi padre hombre de mucha caridad con los pobres... De mucha verdad". "Mi madre era de grandísima honestidad, muy apacible y de harto entendimiento" (*Vida* 1,1). Su madre murió a los 33 años, cuando Teresa tenía 13. Mucha falta le hacía su madre a esa edad tan crítica. Y ésta fue la reacción de Teresa: "Afligida fuime a una imagen de nuestra Señora [la Virgen de la Caridad, en la ermita de San Lázaro] y suplicaba fuese mi madre, con muchas lágrimas".

Hay un episodio significativo que se sitúa a la edad de seis o siete años. La lectura del *Flos Sanctorum*, en compañía de su hermano Rodrigo, poco mayor que ella y muy querido, despertó en ellos el deseo del martirio que sufrieron algunas santas: "Parecíame compraban muy barato el ir a gozar de Dios y deseaba yo mucho morir así". Proyectaron ambos la fuga a una tierra fabulosa de moros, "pidiendo por amor de Dios, para que allá nos descabezasen". No lo consiguieron, pero desde entonces decidieron los dos tomar muy en serio su fe cristiana, intentando una especie de vida eremítica en su casa.

Una juventud entre vanidades y vuelta a Dios

Los principios fueron excelentes. Pero entre los 13 y los 16 años pareció desvanecerse "la verdad de cuando niña". El contacto con libros y personas poco favorables fueron la causa de ese bajón. La lectura de libros de caballerías, a escondidas de su padre y con pasión exagerada, -"si no tenía libro nuevo no me parece tenía contento"- comenzó a enfriar sus deseos. El trato frecuente con algunos primos y primas le llevaron al terreno de la vanidad de galas y perfumes :"Comencé a traer galas y a desear contentar...", y a "pasatiempos de conversación", con riesgo de devaneos y amoríos. Aquello no podía continuar así, y le preocupaba a su padre.

A los 16 años, la llevó de interna al convento-colegio de las Agustinas de Santa María de Gracia en el mismo Ávila. Cambio brusco, que Teresa aceptó contrariada. Pero recobró pronto la alegría y el rumbo espiritual, al contacto de personas sinceras y centradas en Dios, y de buenas lecturas. Allí empezó a tener oración, contacto con el evangelio, y "más amistad a ser monja" (*Vida* 3,2). Al año y medio de estar en el internado, cae enferma, y tiene que dejar el internado.

Carmelita, en el convento de la Encarnación

Teresa tiene 18 años. Es hora de pensar en elegir estado. Y Teresa, después de la buena experiencia del internado, se inclina por ingresar en el convento de las carmelitas de la Encarnación, en su misma ciudad. Pero su padre se opone. ¿Cómo era Teresa? "Era esta santa de mediana estatura, antes grande que pequeña. Tuvo en su mocedad fama de muy hermosa, y hasta su última edad mostraba serlo. Era su rostro nonada común sino extraordinario... Daba gran contento mirarla y oírla porque era muy apacible y graciosa en todas sus palabras y acciones... Era en todo perfecta..." (María de San José Salazar, compañera de viajes y caminos, en *Libro de Recreaciones*).

Al final, el 2 de noviembre de 1535, "muy de mañana", haciéndose "una gran fuerza", "cuando salí de casa de mi padre no creo será más el sentimiento cuando me muera" (*Vida* 4, 1). La joven Teresa deja su casa, y entra en el convento de la Encarnación, en el que vivirá 27 años.

A pesar del estilo de vida de aquel gran monasterio con unas doscientas personas, entre monjas y familiares, Teresa sintonizó con el carisma carmelitano, y se convirtió en un miembro de la comunidad, que amaba y se hacía querer, y se entregó a las observancias monásticas con gran fervor, y cierta nostalgia por los orígenes del Carmelo, con los profetas Elías y Eliseo, y la consagración a la Virgen María. Desde el principio sintió "gran contento" de ser monja, que no le faltaría nunca (*Vida* 4, 2). Con ese contento y una gran "determinación" de ser esposa de Cristo, hizo su profesión religiosa el 3 de noviembre de 1537.

Al año de profesar cayó enferma de gravedad, que la llevará a una curandera de Becedas, que le aplicó un tratamiento brutal: en agosto de 1539 tuvo un grave colapso de cuatro días. La daban por muerta. Volvió en sí y siguió tres años tullida, hasta que se sintió curada por el glorioso San José, de la que será tan devota. Durante su enfermedad, "procuraba lo más que podía traer a Jesucristo, nuestro bien y Señor, dentro de mí presente, y ésta era mí oración" (*Vida* 4, 7).

Sin embargo, las excesivas visitas en el locutorio y el trato con la gente la llevaron a la sequedad espiritual y a dejar la oración particular durante el año 1543, pareciéndole "era mejor andar como los muchos". Fue la más peligrosa decisión, "el más terrible engaño": dejar la oración (*Vida* 7, 1). Hasta que el dominico Vicente Barrón la convenció de que volviera a la intimidad con Jesús en los coloquios con su Esposo. Ya nunca abandonará la oración, a pesar de no sentir apenas ningún consuelo espiritual durante años, hasta culminar en el encuentro transformador con el Señor en la cuaresma de 1554: "Arrojéme cabe Él con grandísimo derramamiento de lágrimas, suplicándole me fortaleciese ya de una vez para no ofenderle... Paréceme le dije entonces que no me había de levantar de allí hasta que [Él] hiciese lo que le suplicaba" (*Vida* 9, 3). En efecto, comenzó a experimentar un cambio profundo en su vida. Ella se siente convertida, salvada por el Señor.

Rondando los 40 años inicia una vida nueva, en la que Dios se hace presente en su vida con fuerza de protagonista. Era el Señor quien lo hacía, pero ella misma colaboró sabiamente con la acción de Dios, comenzando a "tratar con amigos de Dios" (*Vida* 23, 4). Hacia el mes de junio de 1560, el mismo Señor irrumpe en su vida en intensa experiencia mística de fe, como Cristo resucitado. La presencia del Resucitado llenará su vida toda. Por experiencia sabe y lo proclamará que en el centro más interior de su ser está la Trinidad, y Cristo, y que Cristo es su vida (*Vida* 37, 5; 7 *Moradas* 2, 5). Esta presencia de Cristo resucitado fue causa de múltiples gracias. Curó radicalmente su afectividad, potenciando su capacidad de amar con amor "perfecto", sin apegarse. Y ella, que "sólo podía pensar en Cristo como hombre" (*Vida* 9, 6), se siente con fuerzas de lo alto para rechazar a los que le aconsejaban que abandonara la humanidad de Cristo. "Veía que aunque era Dios que no se espanta de las flaquezas de los hombres.. Puede tratar como con amigo, aunque es Señor" (*Vida* 37, 5). Y le concedió la capacidad de entender y expresar en palabras las experiencias de Dios de que gozaba. La gran maestra de oración, por propia experiencia, estaba preparada para la gran misión que Dios le confiaba.

San José de Ávila (1562), el inicio de la Reforma

Teresa tiene 45 años. Estamos en 1560. Es el inicio de la etapa decisiva de su vida, a servicio pleno de la Iglesia, a la que ofrecerá un Carmelo renovado, escuela de santidad para tantas monjas y frailes que seguirán los pasos de la Reformadora. Objetivo: tras la visión del infierno, las ansias por la salvación de los hombres, la preocupación por "las muchas almas que se pierden, así de herejes, como de moros; aunque las que más le lastiman son las de los cristianos" (*Moradas* V, 2,11). Desde ese momento, está dispuesta a sufrir mil muertes "por salvar una sola alma de tan gravísimos tormentos" (Vida 32, 6). Toma la decisión de hacer ella algo en esa tarea de salvar almas. Y "pensé que lo primero era seguir el llamamiento que Su Majestad me había hecho a religión, guardando mi Regla con la mayor perfección que pudiese" (*Vida* 32, 9). Es el trampolín de la Reforma del Carmelo, que se inicia con el convento de San José en Ávila, el 24 de agosto de 1562.

Se decanta por una comunidad pequeña, que facilite un clima de fraternidad. Un estilo de vida de "hermandad", caracterizado por la sencillez e igualdad en el trato, una fuerte comunicación interpersonal de amistad (*Camino* 4,7), cultivando las cualidades humanas y tratando de ser afables, agradables y conversables (*Camino* 41, 7). El ritmo de vida que ella crea incluye momentos y espacios de soledad externa e interna dentro del monasterio, que les hacen sentirse "ermitañas" en sus celdas (*Camino* 13, 6), y a la vez, en equilibrio admirable, tiempos dedicados al trabajo y a la recreación. En esos "colegios de Cristo" se aprende a vivir por la Iglesia: "Para eso os juntó aquí; éste es vuestro llamamiento; éstos han de ser vuestros negocios; éstos han de ser vuestros deseos; aquí vuestras lágrimas; éstas vuestras peticiones" (*Camino* 1, 5). Con una única ambición: llegar a "ser tales", que puedan ayudar a la Iglesia mediante el dinamismo de la comunión de los santos y de la fuerza de Dios (*Camino* 3, 5; 4,1). La dimensión eclesial jamás podrá faltar en una carmelita descalza sin traicionar su vocación.

No le fue fácil a la Madre Teresa ni dejar la Encarnación,

ni, mucho menos, fundar San José. Pero sabía que no estaba sola. Su Esposo la animaba. Y, ante la oposición de seglares y eclesiásticos, salieron en su defensa dominicos de Santo Tomás de Ávila –fray Domingo Báñez, fray Pedro Ibáñez, fray García de Toledo- y miembros de la joven y pujante Compañía de Jesús. De ambas Órdenes eran sus confesores, consejeros y defensores en los inicios. Luego contaría principalmente con los carmelitas descalzos, entre los que sobresale San Juan de la Cruz. También contó con la ayuda de excelentes franciscanos, como su admirado San Pedro de Alcántara y fray Alonso Maldonado, que le descubre un mundo nuevo conquistado y no evangelizado: el nuevo afán eclesial de las Misiones.

Madre de monjas y frailes carmelitas

Las buenas referencias de la fundación de San José de Ávila, que tenía el General de la Orden del Carmen, padre Juan Bautista Rubeo, después de su visita a Ávila en 1567, lograron licencias para la Madre Teresa de fundar otros conventos de monjas y dos de frailes con la misma autenticidad y espíritu apostólico. San José se convierte en el primero de toda una larga serie de "palomarcitos" de la nueva familia religiosa: diecisiete convento de monjas, desde el de Medina del Campo, hasta el de Burgos en 1582. Y, en los cinco siglos posteriores, centenares de Carmelos Teresianos, que intentan seguir con fidelidad el espíritu y los pasos de la Santa Madre. Han sido y siguen siendo un continuo flujo de santidad: en santas Teresa como la del Niño Jesús, la de los Andes, Teresa Benedicta de la Cruz (Edith Stein), Maravillas de Jesús..., y muchísimas otras beatificadas y tantísimos miles de monjas que se han santificado en el Carmelo sin que apenas se enteraran más que las hermanas que compartieron y comparten su vida evangélica.

Estando en la fundación del convento de Medina del Campo (*Fundaciones* 3, 17) encontró Teresa al joven carmelita fray Juan de Santo Matía, el futuro San Juan de la Cruz, que será el primero y principal colaborador de la Santa Fundadora en los nuevos conventos de frailes, comenzando por Duruelo, el 28 de noviembre de 1568.

El resto de la vida de la "fémina inquieta y andariega" será de ir de un lugar a otro fundando conventos, alentando a sus monjas y, en los ratos de sosiego, escribiendo las grandes obras que siguen siendo alimento espiritual de toda la Iglesia:

Libro de la vida, Libro de las fundaciones, Camino de perfección, Las moradas... Además de otras obras menores, como *Meditaciones sobre los Cantares, Las Constituciones, Poesías* (algunas de ellas de fama mundial), y una larguísima lista de *Cartas.*

Los escritos de la Santa representan una parte importantísima del legado de Teresa de Jesús. De ellos, las Carmelitas Descalzas de la Encarnación de Ávila han extraído con gran acierto lo que para cada día del año podría enseñar la Santa Madre.

"Muero hija de la Iglesia". Santa y Doctora de la Iglesia

Y llegamos al fin de su vida en este mundo. Ha pasado más de medio año de la fundación de Burgos y la Madre Teresa está encantada al ver partir a sus hijos al Congo como misioneros del Evangelio. La Santa se encuentra en el convento de Alba de Tormes. Su salud está debilitada en extremo. Pero sigue fuerte su espíritu, invocando la misericordia del Señor. Es consciente de que la que vivía "sin vivir en mí" y moría "porque no muero", al fin se va con el amadísimo Esposo - "hora es ya, Esposo mío, de que nos veamos"-, con una expresión de gratitud: "Gracias, Señor, muero hija de la Iglesia". Era la tarde del 4 de octubre de 1582. El día siguiente, debido a la reforma gregoriana del calendario, será 15 de octubre.

Había muerto una gran santa. Así lo reconoció la Iglesia, con su beatificación, por Pablo V, el 24 de abril de 1614. El 12 de marzo de 1622 la canonizó Gregorio XV. Entre sus muchos patronazgos está el de los escritores católicos españoles, concedido por Pablo VI, quien el 27 de septiembre de 1970 la declaró Doctora de la Iglesia: fue la primera, seguida una semana después por su admirada Catalina de Siena. Teresa de Jesús, una obra de Dios a la medida de las necesidades de la Iglesia.

José A. Martínez Puche, O.P.

ENERO

1 ENERO
SANTA MARÍA MADRE DE DIOS.
Santos Manuel y Fulgencio

Acuérdome que cuando murió mi madre, quedé yo de edad de doce años, poco menos. Como yo comencé a entender lo que había perdido, afligida fuime a una imagen de **Nuestra Señora** y suplíquela fuese mi madre con muchas lágrimas. Paréceme que, aunque se hizo con simpleza, que me ha valido. (V.1,7)

2 ENERO
Santos Basilio y Gregorio, Adalardo

¡Oh Señor mío! Pues parece tenéis determinado **que me salve,** plegue a Vuestra Majestad sea así y de hacerme tantas mercedes como me habéis hecho, ¿no tuvierais por bien, no por mi ganancia, sino por vuestro acatamiento, que se ensuciara tanto posada adonde tan continuo habíais de morar? (V.1,8)

3 ENERO
Santísimo Nombre de Jesús. Santos Antero y Genoveva

Miremos al glorioso San Pablo, que no parece se le caía de la boca siempre **Jesús,** como quien le tenía bien en el corazón. (V.22,7)

4 ENERO
Santas Genoveva Torres, Isabel Ana Seton, Zedíslava de Lemberk. Beato Manuel González

Paréceme andaba su Majestad mirando y remirando por dónde me podía **tornar a sí.** Bendito seáis Vos, Señor, que tanto me habéis sufrido. Amén. (V.2,8)

5 ENERO
Santos Deogracias, Juan N. Neumann, Emiliana.

Coménzome a contar cómo ella había venido a ser monja por sólo leer lo que dice el Evangelio: *Muchos son los llamados y pocos los escogidos.* Decíame el premio que daba el Señor a los que **todo lo dejan por Él.** (V.3,1)

6 ENERO
EPIFANÍA DEL SEÑOR.
Santos Andrés Corsini, Pedro Tomás

En tomando el hábito, luego me dio el Señor a entender cómo favorece a los que se hacen fuerza **para servirle,** la cual nadie no entendía de mí, sino grandísima voluntad. A la hora me dio un tan gran contento de tener aquel estado, que nunca jamás me faltó hasta hoy; y mudó Dios la sequedad que tenía mi alma en grandísima ternura. (V.4,2)

7 ENERO
Santos Raimundo de Peñafort, Luciano, Ciro
Cierto que muchas veces me templa el sentimiento de mis **grandes culpas** el contento que me da que se entienda la muchedumbre de vuestras **misericordias.** ¿En quién, Señor, pueden así resplandecer como en mí, que tanto he oscurecido con mis malas obras las grandes mercedes que me comenzasteis a hacer? ¡Ay de mí, Criador mío, que si yo quiero dar disculpa, ninguna tengo! (V. 4,3-4)

8 ENERO
Santos Apolinar, Severino, Lorenzo Justiniano
Procuraba lo más que podía traer a Jesucristo, nuestro bien y Señor, dentro de mí presente, y ésta era mi manera de **oración.** Si pensaba en algún paso, le representaba en lo interior, aunque lo que más gustaba en **leer buenos libros,** que era toda mi recreación. (V.4,7)

9 ENERO
Santos Eulogio de Córdoba, Adrián

Muchas veces he pensado espantada de la gran **bondad de Dios,** y regaládose mi alma de ver su gran magnificencia y misericordia. Sea bendito por todo, que he visto claro no dejar sin pagarme, aún en esta vida, ningún deseo bueno. (V.4,10)

10 ENERO
Santos Gregorio de Nisa, Miltiades, Guillermo

Por ruines e imperfectas que fuesen **mis obras, este Señor mío las iba mejorando** y perfeccionando y dando valor y los males y pecados luego los escondía. Aun en los ojos de quien los ha visto permite Su Majestad se cieguen, y los quita de su memoria. Dora las culpas; hace que resplandezca una virtud que el mismo Señor pone en mí, casi haciéndome fuerza para que la tenga. (V.4,10)

11 ENERO
Santos Higinio, Honorata, Tomás de Cori

El Señor ponga en todo lo que hiciere sus manos para que vaya **conforme a su santa voluntad,** pues son éstos mis deseos siempre, aunque las obras tan faltas como yo soy (C P.prol)

12 ENERO
Santos Martino de León, Arcadio, Cesarea

¡Qué es esto, Señor mío! ¿En tan peligrosa vida hemos de vivir? Que escribiendo esto estoy, y me parece que con vuestro favor y por vuestra misericordia podría decir lo que San Pablo, aunque no con esa perfección: *Que no vivo yo ya, sino que **Vos, Criador mío, vivís en mí.*** (V.6,9)

13 ENERO
Santos Hilario, Remigio, Gumersindo

No se me ofrecerá cosa por vuestro amor, que con gran determinación me deje de poner a ella, y en algunas me habéis Vos ayudado para que salga con ellas, y no quiero mucho ni cosa de él, ni me parece que me da contento cosa que salga de Vos, y **lo demás me parece pesada cruz.** (V.6,9)

14 ENERO
Santos Juan de Ribera, Félix de Nola, Eufrasio

¡Oh Señor de mi alma! ¡Cómo podré encarecer las mercedes que en estos años me hicisteis! ¡Y cómo en el tiempo que yo más os ofendía, en breve me disponíais con un grandísimo arrepentimiento, para que gustase de **vuestros regalos y mercedes!** (V.7,19)

15 ENERO
Santos Francisco F. de Capillas, Arnoldo Janssen, Tarsicia

Con regalos grandes castigabais **mis delitos.** Era más penoso para mi condición recibir mercedes, cuando había caído en graves culpas, que recibir castigos. (V.7,19)

16 ENERO
Santos Fulgencio, Honorato, Berardo

Gran mal es un alma sola entre tantos peligros. Paréceme a mí que si yo estuviera con quien tratar todo esto, que **me ayudara a no tornar a caer,** siquiera por vergüenza, ya que no la tenía de Dios. (V.7,20)

17 ENERO
Santos Antonio Abad, Rosalía, Sulpicio

Aconsejaría a los que tienen **oración,** en especial al principio procuren **amistad y trato con otras personas** que traten de lo mismo; es cosa importantísima, aunque no sea sino ayudarse unos a otros con sus oraciones; ¡cuántos más, que hay muchas más ganancias! (V.7,20)

18 ENERO
Santos Margarita de Hungría, Prisca, Deícola

Entendamos bien, bien, como ello es, que nos los da (los regalos) Dios **sin ningún merecimiento** nuestro, y **agradezcámoslo** a Su Majestad; porque si no conocemos que recibimos, no despertamos a amar. (V.10,4)

19 ENERO
Santos Arsenio, Germánico, Liberata y Faustina

La víspera de San Sebastián, el primer año que vine a ser priora en la Encarnación, comenzando la Salve vi en la silla prioral, adonde está puesta **Nuestra Señora,** bajar con gran multitud de ángeles la Madre de Dios y ponerse allí. A mi parecer, no vi la imagen entonces, sino a esta Señora que digo. Estuvo así toda la Salve, y dijome: "Bien acertaste en ponerme aquí; yo estaré presente a las alabanzas que se hicieren a mi Hijo y se las presentaré" (Rel. 25)

20 ENERO
Santos Fabián y Sebastián, Fructuoso, Augurio y Eulogio

Porque andan ya las cosas del servicio de Dios tan flacas, que es menester hacerse espaldas unos a otros los que le sirven, para ir adelante, según se tiene por bueno andar en las vanidades y contentos del mundo; y para éstos hay pocos ojos. Y, si uno comienza a darse a Dios, hay tantos que murmuren, que **es menester buscar compañía para defenderse,** hasta que estén fuertes en no pesarles de padecer; y si no veránse en mucho aprieto. (V.7,22)

21 ENERO
Santos Inés, Epifanio, Juan Yi

Paréceme que debían usar algunos santos **irse a los desiertos;** y es un género de humildad no fiar de sí, sino creer que para aquellos con quien conversa le ayudará Dios; y crece la caridad con ser comunicada. (V.7,22)

22 ENERO
Santos Vicente Mártir, Vicente Pallotti, Beata Laura Vicuña

Cuando estaba **en los contentos del mundo,** en acordarme de lo que debía a Dios, **era con pena;** cuando estaba con Dios, las afecciones del mundo me desasosegaban. Ello es una guerra tan penosa, que no sé cómo un mes la puede sufrir, cuanto más tantos años. (V.8,2)

23 ENERO
Santos Ildefonso, Francisco Gil de Fréderic, Emerenciana

No es otra cosa **oración mental,** a mi parecer, sino tratar de amistad, estando muchas veces a solas con quien sabemos nos ama. (V.8,5)

24 ENERO
Santos Francisco de Sales, Bábila, Feliciano

¡Oh regalo de los ángeles, que toda me querría, cuando esto veo, deshacer en amaros! ¡Cuán cierto es sufrir Vos a quien os sufre que estéis con él! ¡Oh, qué buen amigo hacéis, Señor mío, cómo le vais regalando y sufriendo, y esperáis a que se haga a vuestra condición, y mientras tanto le sufrís Vos la suya! Tomáis en cuenta, mi Señor, los ratos que os quiere, y **con un punto de arrepentimiento olvidáis lo que os ha ofendido.** (V.8,6)

25 ENERO
Conversión de San Pablo. Santos Ananías, Beato Enrique Suso

Este Señor nuestro es por quien nos vienen todos los bienes; Él lo enseñará. Mirando su vida, es el mejor dechado. ¿Qué más queremos de un tan buen amigo al lado, que no nos dejará en los trabajos y tribulaciones, como hacen los del mundo? Bienaventurado quien de verdad le amare y siempre le trajere cabe sí. Miremos al glorioso **San Pablo, que no parece se le caía de la boca siempre Jesús,** como quien le tenía bien en el corazón. Yo he mirado con cuidado, después que esto he entendido, de algunos santos, grandes contemplativos, y no iban por otro camino. (V. 22, 7)

26 ENERO
Santos Timoteo y Tito, Paula, Alberico

No entiendo esto que temen los que temen comenzar **oración mental,** ni sé de qué han miedo. Bien hace de ponerle el demonio, para hacernos él de verdad mal, si con miedos me hace no piense en lo que he ofendido a Dios, y en lo mucho que le debo, y en que hay infierno y hay gloria, y en los grandes trabajos y dolores que pasó por mí. (V.8,7)

27 ENERO
Santos Ángela de Mérici, Enrique de Ossó, Julián, Mario

¿Ni quién podrá **desconfiar,** pues a mí tanto me sufrió, sólo porque deseaba y procuraba algún lugar y tiempo para que estuviese conmigo, y esto muchas veces sin voluntad, por gran fuerza que me hacía, o me la hacía el mismo Señor? Pues si a los que no le sirven, sino que le ofenden, les está tan bien la **oración,** y les es tan necesaria, y no puede nadie hallar con verdad daño que pueda hacer, que no fuera mayor el no tenerla; los que sirven a Dios y le quieren servir, ¿por qué lo han de dejar? (V.8,8)

28 ENERO
Santos Tomás de Aquino, Julián de Cuenca, Águeda Lin Zhao

Paréceme que ganó grandes fuerzas mi alma de la Divina Majestad, y que debía oír mis clamores y haber lástima de tantas lágrimas. Comenzóme a crecer la afición de estar más tiempo con Él, y a quitarme de los ojos las ocasiones, porque quitadas, luego me volvía a amar a Su Majestad; que bien entendía yo, a mi parecer, le amaba, mas no entendía en qué está el **amar de veras a Dios,** como lo había de entender. (V.9,9)

29 ENERO
Santos Valero, Afraates.
Beato Manuel Domingo y Sol

Acaecíame en esta representación que hacía de ponerme cabe Cristo, y aun algunas veces leyendo, venirme a deshora un sentimiento de la **presencia de Dios,** que en ninguna manera podía dudar que estaba dentro de mí, o yo toda engolfada en Él. (V.10,1)

30 ENERO
Santos Lesmes, Martina, Jacinta Mariscotti, David Galván

¡Oh Señor de mi alma y Bien mío! ¿Por qué no quisisteis que en determinándose un alma a amaros, con hacer lo que puede en dejarlo todo, para mejor emplearse en este amor de Dios, luego gozase de subir a tener este amor perfecto? Mal he dicho. Había de decir y quejarme, porque no queremos nosotros, pues toda la falta nuestra es en no gozar luego de tan gran dignidad; pues en llegando a tener con perfección este **verdadero amor de Dios,** trae consigo todos los bienes. Somos tan caros y tan tardíos de darnos del todo a Dios, que, como su Majestad no quiere gocemos de cosa tan preciosa sin gran precio, no acabamos de disponernos. (V.11,1)

31 ENERO
Santos Juan Bosco, Ciro y Juan, Marcela, Waldo
Harto gran **misericordia** hace a quien da gracia y ánimo para determinarse a procurar con todas sus fuerzas este bien (la **oración**); porque si persevera no se niega Dios a nadie; poco a poco va habilitando él el ánimo para que salga con esta victoria. (V.11,4)

FEBRERO

1 FEBRERO
Santos Ramón de Fitero, Brígida, Severo

Tapaos los ojos de pensar por qué da a aquél, de tan pocos días, devoción, y a mí no, en tantos años. Creamos **es todo para bien nuestro;** guíe Su Majestad por donde quisiere; ya no somos nuestros, sino suyos. Harta merced nos hace en querer que queramos cavar en su huertos, y estarnos cabe el Señor de él, que cierto está con nosotros. (V.11,12)

2 FEBRERO
PRESENTACIÓN DEL SEÑOR.
PURIFICACIÓN DE MARÍA.

Entiende el alma, por una manera muy fuera de entender con los sentidos exteriores, que está ya junto cabe su Dios, que con poquito más llegará a estar hecha **una misma cosa con Él** por unión. Esto no es porque lo ve con los ojos del cuerpo ni del alma. Tampoco no veía el justo Simeón más del glorioso niño pobrecito; que en lo que llevaba envuelto y la poca gente con Él que iban en la procesión, más pudiera juzgarle por hijo de gente pobre que por el Hijo del Padre celestial; mas dióselo el mismo Niño a entender. (CP.31,2)

3 FEBRERO
Santos Blas, Óscar, Simeón y Ana

Sí, que no está el amor de Dios en tener lágrimas, ni estos gustos y ternura que por la mayor parte los deseamos y consolamos con ellos; sino en **servir con justicia y fortaleza** de ánima y **humildad.** Recibir, más me parece a mí eso, que no dar nosotros nada. (V.11,13)

4 FEBRERO
Santos Catalina de Ricci, Juan de Britto, Rabano Mauro

Ya sabe Su Majestad **nuestra miseria** y bajo natural mejor que nosotros mismos; y sabe que ya estas almas desean siempre pensar en Él y amarle. Esta determinación es la que quiere. (V.11,15)

5 FEBRERO
Santos Águeda, Pedro Bautista, Jesús Méndez

Pasen como pudieren **este destierro,** que harta mala ventura es de un alma que ama a Dios ver que vive en esta miseria, y que no puede lo que quiere, por tener tan mal huésped como este cuerpo. (V.11,15)

6 FEBRERO
Santos Pablo Miki, Dorotea, Mateo Correa

En todo es gran cosa la experiencia, que da a entender lo que nos conviene, y en todo se sirve Dios. **Suave es su yugo,** y es gran negocio no traer al alma arrastrada, como dicen, sino llevarla con suavidad para su mayor aprovechamiento. (V.11,16)

7 FEBRERO
Santos Ricardo, Juliana.
Beato Anselmo Polanco

Puede representarse delante de Cristo y acostumbrarse a **enamorarse mucho de su sagrada Humanidad,** y traerle siempre consigo y hablar con Él, pedirle para sus necesidades, y quejarse de sus trabajos, alegrarse con Él en sus contentos, y no olvidarle por ellos, sin procurar oraciones compuestas, sino palabras conforme a sus deseos y necesidad. (V.12,2)

8 FEBRERO
Santos Jerónimo Emiliani, Josefina Bakhita, Honorato

Quien trabajare a **traer consigo esta preciosa compañía [de Cristo],** y se aprovechare mucho de ella, y de veras cobrare amor a este Señor, a quien tanto debemos, yo le doy por aprovechado. (V.12,2)

9 FEBRERO
Santos Apolonia, Miguel Febres, Sabino. Beato Leopoldo de Alpandeire

Agradecer al Señor que nos deja andar deseosos de contentarle, aunque sean flacas las obras. Este modo de traer a Cristo con nosotros aprovecha en todos los estados y es un medio segurísimo para ir aprovechando. (V.12,3)

10 FEBRERO
Santos Escolástica, Silvano, Guillermo

Y como este edificio (de la oración) todo va fundado en **humildad,** mientras más allegados a Dios, más adelante ha de ir esta virtud, y si no, va todo perdido. (V.12,4)

11 FEBRERO
Nuestra Señora de Lourdes. Santos Pedro Maldonado, Sotera

Tener **gran confianza** porque conviene mucho no apocar los deseos, sino creer de Dios que, sin nos esforzamos, poco a poco, aunque no sea luego, podremos llegar a lo que muchos santos con su favor; que si ellos nunca se determinaran a desearlo y poco a poco a ponerlo por obra, no subieran a tan alto estado. (V.13,2)

12 FEBRERO
Santos Eulalia de Barcelona, Mártires de Abitinia

Quiere Su Majestad y es amigo de ánimas animosas, como vayan con **humildad** y ninguna confianza de sí; y no he visto a ninguna de éstas que quede baja en este camino. (V.13,2)

13 FEBRERO

Espántame lo mucho que hace en este camino **(oración)** animarse a grandes cosas; aunque luego no tenga fuerzas el alma, da un vuelo y llega a mucho, aunque como avecita que tiene pelo malo, cansa y queda. (V. 13,2)

14 FEBRERO
Santos Cirilo y Metodio, Valentín, Juan Bautista de la Concepción

También se pueden imitar los santos en procurar **soledad y silencio** y otras muchas virtudes, que no nos matarán estos negros cuerpos, que tan concertadamente se quieren llevar para desconcertar el alma; y el demonio ayuda mucho a hacerlos inhábiles, cuando ve un poco de temor. (V.13,7)

15 FEBRERO
Santos Claudio de la Colombière, Enésimo, Faustino

Aláboos muy mucho, porque despertáis a tantos que nos despierten. Había de ser muy continua nuestra oración por estos que nos dan luz. ¿Qué seríamos sin ellos entre tan grandes tempestades como ahora tiene la Iglesia? Si algunos ha habido ruines, **más resplandecerán los buenos.** (V.13,21)

16 FEBRERO
Santos Elías, Juliana, Maruta

Esté allí con Él callado el entendimiento. Si pudiere ocuparle en que **mire que le mira,** y le acompañe, y hable, y pida, y se regale con Él y acuérdese que no merecía estar allí. (V.13,22)

17 FEBRERO
Santos Siete Fundadores Servitas, Silvino, Teodoro

Señor, mirad lo que hacéis, no olvidéis tan presto tan grandes males míos, ya que para **perdonarme** lo hayáis olvidado, para poner tasa en las mercedes os suplico se os acuerde. (V.18,4)

18 FEBRERO
Santos Sadot, Francisco Regis.
Beato Fray Angélico

No pongáis, Criador mío, **tan precioso licor en vaso tan quebrado,** pues habéis ya visto de otras veces, que le torno a derramar. No pongáis tesoro semejante adonde aún no esta, como ha de estar, perdida del todo la codicia de consolaciones de la vida, que lo gastará mal gastado. (V.18,4)

19 FEBRERO
Santos Lucía Yi, Conrado.
Beato Álvaro de Córdoba

Fíe de la **bondad de Dios,** que es mayor que todos los males que podamos hacer, y no se acuerda de nuestra ingratitud, cuando nosotros, conociéndonos, queremos tornar a su amistad, ni de las mercedes que nos ha hecho, para castigarnos por ellas. (V.19,15)

20 FEBRERO
Santos León, Eleuterio.
Beatos Francisco y Jacinta de Fátima

Acuérdense de sus palabras y miren lo que ha hecho conmigo, que **primero me cansé de ofenderle que Su Majestad dejó de perdonarme.** Nunca se cansa de dar, ni se pueden agotar sus misericordias; no nos cansemos nosotros de recibir. (V.19,15)

21 FEBRERO
Santos Pedro Damián, Germán, Roberto

Fortaleced Vos mi alma y disponedla primero. Bien de todos los bienes y Jesús mío, y ordenad luego modos como **haga algo por Vos,** que no hay ya quien sufra recibir tanto y no pagar nada. (V.21,5)

22 FEBRERO
Cátedra de San Pedro.
Santos Margarita de Cortona, Papías

Mucho contenta a Dios ver un alma que con **humildad** pone por tercero a su Hijo, y le amas tanto que aún queriendo Su Majestad subirle a muy gran contemplación, como tengo dicho, se conoce por indigno, diciendo con San Pedro: *Apartaos de mí, Señor, que soy hombre pecador.* (V.22,11)

23 FEBRERO
Santos Policarpo, Milburga.
Beata Rafaela Ybarra

Aquí está mi vida, aquí está mi honra y **mi voluntad;** todo os lo he dado, vuestra soy, **disponed de mí conforme a la vuestra.** (V.21,5)

24 FEBRERO
Santos Etelberto, Modesto, Pedro Palatino

Bien veo yo, mi Señor, **lo poco que puedo;** mas **llegada a Vos,** subida en esta atalaya adonde se ven verdades, no apartándoos de mí, **todo lo podré;** que si os apartáis, por poco que sea, iré adonde estaba, que era al infierno. (V.21,5)

25 FEBRERO
Santos Luis Versiglia, Cesáreo, Calixto, Toribio Romo. Beato Ciriaco M. Sancha

¡Oh, si no estuviésemos **asidos a nada,** ni tuviésemos puesto nuestro contento en cosa de la tierra, cómo la pena que nos daría vivir siempre sin Él templaría el miedo a la muerte con el deseo de gozar de la vida verdadera! (V.21,6)

26 FEBRERO
Santos Paula Montal, Alejandro, Víctor. Beata Piedad de la Cruz

Para contentar a Dios y que nos haga grandes mercedes, quiere sea por manos de esta **Humanidad sacratísima,** en quien dijo Su Majestad se deleita. Muy muchas veces lo he visto por experiencia; hámelo dicho el Señor. He visto claro que por esta puerta hemos de entrar, si queremos nos muestre la Soberana Majestad grandes secretos. (V.22,6)

27 FEBRERO
Santos Gabriel de la Dolorosa, Ana Line, Baldomero

Este Señor nuestro es por quien nos vienen todos los bienes. Él lo enseñará; mirando su vida, es el mejor dechado. ¿Qué más queremos de un **tan buen amigo al lado,** que no nos dejará en los trabajos y tribulaciones, como hacen los del mundo? Bienaventurado quien de verdad le amare y siempre le trajere cabe sí. (V. 22,7)

28 FEBRERO
Santos Mártires de Alejandría, Román, Mariana y Cira

Siempre que se piense de **Cristo,** nos acordemos del **amor con que nos hizo tantas mercedes,** y cuán grande nos le mostró Dios en darnos tal prenda del que nos tiene, que amor saca amor. (V.22,14)

29 FEBRERO
Santos Hilario, Osvaldo, Augusto Chapdelaine

Dios tiene cuidado más que nosotros, y **sabe para lo que es cada uno.** ¿De qué sirve gobernarse así, quien tiene ya dada su voluntad a Dios? (V.22,12)

MARZO

1 MARZO
Santos Félix II, Rosendo, Albino, David
Bendito seáis por siempre, que aunque os dejara yo a Vos, **no me dejasteis Vos a mí** tan del todo, que no me tornase a levantar, con darme Vos siempre la mano; y muchas veces, Señor, no la quería, ni quería entender cómo muchas veces me llamabais de nuevo.(V.6,9)

2 MARZO
Santos Ángela de la Cruz, Troadio, Ceada
Represéntaseme Cristo delante con mucho rigor, dándome a entender lo que aquello le pesaba. Vile con los ojos del alma más claramente que le pudiera ver con los del cuerpo, y quédame tan impreso, que ha esto más de veinte y seis años, y me parece lo tengo presente. (V.7,6)

3 MARZO
Santos Emeterio y Celedonio, Catalina Drexel, Cunegunda

Acaecióme que entrando un día en el oratorio, vi una imagen que habían traído allí a guardar, que se había buscado para cierta fiesta. Era de **Cristo muy llagado,** y tan devota, que en mirándola, toda me turbó de verle tal, porque representaba bien lo que pasó por nosotros. Fue tanto lo que sentí de lo mal que había agradecido aquellas llagas, que el corazón me parece se me partía, y arrojéme cabe Él con grandísimo derramamiento de lágrimas, suplicándole me fortaleciese ya de una vez para no ofenderle. (V.9,1)

4 MARZO
Santos Casimiro, Apiano, Basino

Mas esta postrera vez, de esta imagen que digo, me parece me aprovechó más, porque estaba ya muy desconfiada de mí y **ponía toda mi confianza en Dios.** Paréceme le dije entonces que no me había de levantar de allí hasta que hiciese lo que le suplicaba. Creo me aprovechó, porque fui mejorando mucho desde entonces. (V.9,3)

5 MARZO
Santos Teófilo, Lucio, Adrián, Juan José de la Cruz

Tenía este modo de oración, que, como no podía discurrir con el entendimiento, procuraba **representar a Cristo dentro de mí;** y hallábame mejor, a mi parecer, de las partes adonde le veía más solo. Parecíame a mí que estando solo y afligido, como persona necesitada me había de admitir a mí. (V.9,4)

6 MARZO
Santos Olegario, Julián de Toledo, Coleta Boylet, Inés de Praga

En especial me hallaba muy bien en la **oración del Huerto;** allí era mi acompañarle. Pensaba en aquel sudor y aflicción que allí había tenido. Si podía, deseaba limpiarle aquel tan penoso sudor; mas acuérdome que jamás osaba determinarme a hacerlo, como se me representaban mis pecados tan graves. (V.9,4)

7 MARZO
Santos Perpetua y Felicidad, Teresa, Simeón Berneux

Muchos años, las más noches, antes que me durmiese, cuando para dormir me encomendaba a Dios, siempre pensaba un poco en este paso de la oración del Huerto, aun desde que no era monja, porque me dijeron se ganaban muchos perdones; y tengo para mí que por aquí ganó muy mucho mi alma, porque **comencé a tener oración,** sin saber qué era, y ya la costumbre tan ordinaria me hacía no dejar esto, como el no dejar de santiguarme para dormir. (V.9,4)

8 MARZO
Santos Juan de Dios, Veremundo, Félix. Beato Faustino Míguez

¿Qué hacéis Vos, Señor mío, que no sea **para mayor bien del alma,** que entendéis que es ya vuestra, y que se pone en vuestro poder, para seguiros por donde fuereis hasta muerte de Cruz, y que está determinada ayudárosla a llevar y a no dejaros solo con ella? (V.11,12)

9 MARZO
Santos Francisca Romana, Paciano, Bruno

¿Qué se me da a mí? **Haced Vos, Señor, lo que quisiereis;** no os ofenda yo; no se pierdan las virtudes, si alguna me habéis dado, por sola vuestra bondad; padecer quiero, Señor, pues Vos padecisteis; cúmplase en mí de todas maneras vuestra voluntad. (V.11,12)

10 MARZO
Santos Cayo y Alejandro, Juan Ogilvie, Macario, Víctor

Da conforme al amor que nos tiene: a los que ama más, da de estos dones más; a los que menos, menos, y conforme al ánimo que ve en cada uno y el amor que tiene a su Majestad. A quien le amare mucho, verá que puede padecer mucho por Él; al que amare poco, poco. Tengo yo para mí, que la medida del poder llevar gran cruz o pequeña, es la del amor. (CP.32,7)

11 MARZO
Santos Vicente de León, Sofronio, Domingo Câm

Pues, tornando a lo que decía, de pensar a **Cristo a la columna,** es bueno discurrir un rato y pensar la penas que allí tuvo, y por qué las tuvo, y quién es él que las tuvo, y el amor con que las pasó.(V.13,22)

12 MARZO
Santos Luis Orione, Inocencio I, Maximiliano

¡Oh qué mal camino llevaba, Señor! Ya me parece iba sin camino si Vos no me tornarais a él, que en veros cabe mí, he visto todos los bienes. No me ha venido trabajo que mirándoos a Vos, cual estuvisteis delante de los jueces, no se me haga bueno sufrir. Con tan **buen amigo** presente, con tan **buen capitán,** que se puso en lo primero en el padecer, todo se puede sufrir. Es ayuda y da esfuerzo; nunca falta; es amigo verdadero. (V. 22,6)

13 MARZO
Santos Rodrigo y Salomón, Macedonio y Patricia e hija Modesta

Es gran negociación **comenzar las almas oración** comenzándose a desasir de todo género de contentos y entrar determinadas a sólo ayudar a llevar la cruz de Cristo, como buenos caballeros que sin sueldo quieren servir a su Rey. (V.1511)

14 MARZO
Santos Matilde, Alejandro, Lázaro, Paulina

La verdadera **pobreza de espíritu** es no buscar consuelo ni gustos en la oración, sino consolación en los trabajos por amor de El que siempre vivió en ellos. (V.22,11)

15 MARZO
Santos Luisa de Marillac, Clemente María, Leocricia

¡Qué gran cosa es entender un alma! Díjome tuviese cada oración en **un paso de la Pasión,** y que me aprovechase de él, y que no pensase sino en la Humanidad. (V. 23,17)

16 MARZO
Santos Eusebia, Heriberto, Julián

¿Quién ve al **Señor cubierto de llagas** y afligido con persecuciones que nos las abrace, y las ame y las desee? ¿Quién ve algo de la gloria que da a los que le sirven, que no conozca es todo nonada cuanto se puede hacer y padecer, pues tal premio esperamos? (V.26,5)

17 MARZO
Santos Patricio, Gertrudis de Brabante, Juan Sarkander

¿Por qué hemos de querer tantos bienes y deleites y gloria para sin fin, todos a costa del buen Jesús? ¿No **lloraremos** siquiera **con las hijas de Jerusalén,** ya que no le ayudemos a llevar la cruz con el Cirineo? (V.27,13)

18 MARZO
Santos Cirilo de Jerusalén, Salvador de Horta, Eduardo

¿Qué, con **placeres y pasatiempos** hemos de gozar lo que Él nos ganó a costa de tanta sangre? Es imposible. ¿Y con honras vanas pensamos remedar un desprecio como Él sufrió para que nosotros reinemos para siempre? No lleva camino. Errado, errado va el camino; nunca llegaremos allá. (V.27,13)

19 MARZO
SAN JOSÉ, esposo de la Virgen María

Tomé por abogado y señor al glorioso **San José,** y encoméndeme mucho a él. Vi claro, que así de esta necesidad, como de otras mayores de honra y pérdida de alma, este padre y señor mío me sacó con más bien que yo le sabía pedir. No me acuerdo, hasta ahora, haberle suplicado cosa que la haya dejado de hacer. Es cosa que espanta las grandes mercedes que me ha hecho Dios por medio de este bienaventurado Santo, de los peligros que me ha librado, así de cuerpo como de alma; que a otros santos parece le dio el Señor gracia para socorrer en una necesidad; a este glorioso Santo tengo experiencia que socorre en todas, y que quiere el Señor darnos a entender que así como le fue sujeto en la tierra, que como tenía nombre de padre siendo ayo, le podía mandar, así en el cielo hace cuanto le pide. (V.6,6)

20 MARZO
Santos Martín de Braga, Juan Nepomuceno

¿Siempre que **tornamos a pecar** lo ha de pagar este amantísimo Cordero? ¡No lo permitáis, Emperador mío! ¡Apláquese ya vuestra Majestad! ¡No miréis a los pecados nuestros, sino a que nos redimió vuestro sacratísimo Hijo, y a los merecimientos suyos y de su Madre gloriosa y de tantos santos y mártires como han muertos por Vos! (CP.3,8)

21 MARZO
Santos Nicolás de Flúe, Agustín Zhao

Muchas veces os lo digo, hermanas, y ahora lo quiero dejar escrito aquí, porque no se os olvide, que en esta casa - y aun toda persona que quisiere ser perfecta – huya mil leguas de "razón tuve", "hiciéronme sinrazón", "no tuvo razón quien esto hizo conmigo"; **¡de malas razones nos libre Dios!** ¿Parece que había razón para que nuestro buen Jesús sufriese tantas injurias y se las hiciesen, y tantas sinrazones? (CP.13,1)

22 MARZO
Santos Epafrodito, Bienvenido, Lea, Calínicas y Basilisa

O somos **esposas de tan gran Rey, o no.** Si lo somos, ¿qué mujer honrada hay que no participe de las deshonras que a su esposo hacen? Pues tener parte en su reino y gozarle, y de las deshonras y trabajos querer quedar sin ninguna parte, es disparate. (CP.13,2)

23 MARZO
Santos Toribio de Mogrovejo, José Oriol, Rebeca

¡Oh Señor mío! Cuando pienso por qué de maneras padecisteis y cómo por ninguna lo merecíais, no sé qué me diga de mí, ni dónde tuve el seso cuando **no deseaba padecer,** ni dónde estoy cuando me disculpo. (CP.15,5)

24 MARZO
Santos Catalina de Suecia, Severo. Beato Diego José de Cádiz

Si estáis **con trabajos o triste,** miradle camino del Huerto; ¡qué aflicción tan grande llevaba en su alma; pues con ser el mismo sufrimiento la dice y se queja de ella. (CP.26,5)

25 MARZO
ANUNCIACIÓN DEL SEÑOR.
Santos Dimas, Matrona

Miradle **atado a la columna,** lleno de dolores, todas sus carnes hechas pedazos por lo mucho que os ama, tanto padecer, perseguido de unos, escupido de otros, negado de sus amigos, desamparado de ellos, sin nadie que vuelva por Él, helado de frío, puesto en tanta soledad; que el uno con el otro os podéis consolar. (CP.26,5)

26 MARZO
Santos Braulio, Cástulo, Manuel, Sabino

Miradle **cargado con la cruz,** que aun no le dejaban hartar de huelgo. Miraos ha Él con unos ojos tan hermosos y piadosos, llenos de lágrimas, y olvidará sus dolores por consolar los vuestros, sólo porque os vais vos con Él a consolar y volváis la cabeza a mirarle. (CP.26,5)

27 MARZO
San Ruperto. Beato Francisco Faà de Bruno

¡Oh Señor del mundo, verdadero Esposo mío! le podéis decir, si se os ha enternecido el corazón de verle tal, que no sólo queráis mirarle, sino que os holguéis de hablar con Él, no oraciones compuestas, sino de la pena de vuestro corazón, que las tiene Él en muy mucho. ¿tan necesitado estáis, Señor mío y bien mío, que queréis **admitir una pobre compañía como la mía,** y veo en vuestro semblante que os habéis consolado conmigo? Pues ¿cómo, Señor, es posible que os dejan solo los ángeles y aun no os consuela vuestro Padre? (CP.26,6)

28 MARZO
Santos Esteban Harding, Gúntram

Si es así, Señor, que **todo lo queréis pasar por mí,** ¿qué es esto que yo paso por Vos? ¿De qué me quejo? Que ya he vergüenza, de que os he visto tal, que quiero pasar, Señor, todos los trabajos que me vinieren y tenerlos por gran bien por imitaros en algo. Juntos andemos, Señor; por donde fuereis, tengo de ir; por donde pasareis, tengo de pasar. (CP.26,6)

29 MARZO
Santos Eustasio, Guillermo Tempier, Ludolfo

Tomad, hijas, de aquella **cruz;** no se os dé nada de que os atropellen los judíos, porque Él no vaya con tanto trabajo; no hagáis caso de lo que os dijeren; haceos sordas a las murmuraciones; tropezando, cayendo con vuestro Esposo, no os apartéis de la cruz ni la dejéis. (CP.26,7)

30 MARZO
Santos Juan Clímaco, Julio Álvarez, Leonardo Murialdo

Mirad mucho **el cansancio con que va** y las ventajas que hace su trabajo a los que vos padecéis, por grandes que los queráis pintar; y por mucho que los queráis sentir, saldréis consolada de ellos, porque veréis son cosa de burla comparados a los del Señor. (CP.26,7)

31 MARZO
Santos Benjamín, Balbina, Guido

Aparecióme como otras veces y comenzóme a **mostrar la llaga de la mano izquierda,** y con la otra sacaba un clavo grande que en ella tenía metido. Parecíame que a la vuelta del clavo sacaba la carne. Veíase bien el gran dolor, que me lastimaba mucho, y díjome que quien aquello había pasado por mí, que no dudase sino que mejor haría lo que le pidiese. (V.39,1)

ABRIL

1 ABRIL
Santos María Egipcíaca, Nuño Álvares, Hugo

En pensar y escudriñar lo que el Señor pasó por nosotros, muévemos a compasión, y es sabrosa esta pena y las lágrimas que proceden de aquí, y el pensar la gloria que esperamos en **el amor que el Señor nos tuvo y su resurrección**, muévemos a gozo. (V.12,1)

2 ABRIL
Santos Francisco de Paula, Domingo Tuóc, Abundio, Teodora

Pues si todas veces la condición o enfermedad, por ser penoso pensar en la **Pasión,** no se sufre, ¿quién nos quita estar con Él después de resucitado, pues tan cerca le tenemos en el Sacramento, adonde ya está glorificado? (V.22,6)

3 ABRIL
Santos Sixto I, Ricardo Wych, Luis Scrosoppi

Casi siempre se me representaba el Señor así **resucitado,** y en la Hostia lo mismo, si no eran algunas veces para esforzarme, si estaba en tribulación, que me mostraba las llagas; algunas veces en la cruz y en el Huerto y con la corona de espinas, pocas; y llevando la cruz también algunas veces, para necesidades mías y de otras personas, mas siempre la carne glorificada. (V.29,4)

4 ABRIL
Santos Platón, Pedro, Benito Massarari

Si estáis alegre, **miradle resucitado;** que solo imaginar cómo salió del sepulcro os alegrará. Mas ¡con qué claridad y con qué hermosura!; ¡con qué majestad, qué victorioso, qué alegre! Como quien tan bien salió de la batalla adonde ha ganado un tan gran reino, que todo le quiere para vos, y a sí con él. Pues ¿es mucho que a quien tanto os da volváis una vez los ojos a mirarle? (CP.26,4)

5 ABRIL
Santos Vicente Ferrer, Irene, Catalina Thomás

Estando una vez en las Horas con todas, de presto se recogió mi alma y parecióme ser como un espejo claro toda, sin haber espaldas ni lados ni alto ni bajo que no estuviese toda clara, y en el centro de ella **se me representó Cristo nuestro Señor,** como le suelo ver. Parecíame en todas las partes de mi alma le veía claro como en un espejo, y también este espejo se esculpía todo en el mismo Señor por una comunicación que yo no sabré decir, muy amorosa. (V.40,5)

6 ABRIL
Santos Guillermo, Gala, Ireneo, Eutiquio

Estando una vez en oración, se me representó muy en breve (sin ver cosa formada, mas fue una representación con toda claridad) **cómo se ven en Dios todas las cosas** y cómo las tiene todas en Sí. (V.40,9)

7 ABRIL
Santos Juan Bautista de La Salle, Teodoro, Germán

Fue tan arrebatado mi espíritu que casi me pareció estaba del todo fuera del cuerpo; **Vi a la Humanidad sacratísima** con más excesiva gloria que jamás la había visto. Representóseme por una noticia admirable y clara estar metido en los pechos del Padre. Esto no lo sabré decir cómo es, porque, sin ver, me pareció me vi presente de aquella Divinidad. (V.38,17)

8 ABRIL
Santos Dionisio de Corinto, Julia Billart, Ágabo

Estaba un día, víspera del Espíritu Santo, después de misa: fuime a una parte bien apartada, adonde yo rezaba muchas veces, y comencé a leer en un Cartujano esta fiesta; y, leyendo las señales que han de tener los que comienzan y aprovechan y los perfectos, para entender **está con ellos el Espíritu Santo,** leídos estos tres estados, parecióme, por la bondad de Dios, que no dejaba de estar conmigo, a lo que yo podía entender. (V.38,9)

9 ABRIL
Santos Casilda, Hugo, Liborio, Máximo

Estando en esto, veo **sobre mi cabeza una paloma,** bien diferente de las de acá, porque no tenía estas plumas, sino las alas de unas conchicas que echaban de sí gran resplandor. Estaría aleando espacio de un avemaría. Ya el alma estaba de suerte, que perdiéndose a sí de sí, la perdió de vista. Sosegóse el espíritu con tan buen huésped, que según mi parecer, la merced tan maravillosa le debía de desasosegar y espantar; y como comenzó a gozarla, quitósele el miedo y comenzó la quietud con el gozo, quedando en arrobamiento. (V.38,10)

10 ABRIL
Santos Miguel de los Santos, Terencio, Magdalena, Beda

Quedé lo más de la **Pascua** tan embobada y tonta, que no sabía qué me hacer, ni cómo cabía en mí tan gran favor y merced. No oía ni veía, a manera de decir, con gran gozo interior. Desde aquel día entendí quedar con grandísimo aprovechamiento en más subido amor de Dios y las virtudes muy más fortalecidas. Sea bendito y alabado por siempre, amén. (V.38.11)

11 ABRIL
Santos Estanislao, Isaac. Beata Elena Guerra
Buen Padre os tenéis, que os da el buen Jesús; no se conozca aquí otro padre para tratar de Él; y procurad hijas mías, ser tales que merezcáis regalaros con Él, y echaros en sus brazos. Ya sabéis que no os echará de sí, si sois buenas hijas; ¿pues quién no procurará no perder tal Padre? (CP.27,6)

12 ABRIL
Santos Julio I, David Uribe, Víctor, Visia y Sofía
Ya sabéis que **Dios está en todas partes.** Pues claro está que adonde está el rey, allí dicen está la corte. Sin duda lo podéis creer que adonde está Su Majestad está toda la gloria. Pues mirad que dice San Agustín que le buscaba en muchas partes y que le vino a hallar dentro de sí mismo. (CP.28,2)

13 ABRIL
Santos Martín I, Hermenegildo, Sabás Reyes

¿Pensáis que importa poco para un alma derramada entender esta verdad y ver que no ha menester para hablar con su Padre Eterno ir al cielo ni para regalarse con Él, ni ha menester hablar a voces? Por bajo que hable, está tan cerca que nos oirá; ni ha menester alas para ir a buscarle sino ponerse en soledad y mirarle dentro de sí y no extrañarse de tan buen huésped; sino con gran humildad **hablarle como a padre,** pedirle como a padre, contarle sus trabajos, pedirle remedio para ellos, entendiendo que no es digna de ser su hija. (CP.28,2)

14 ABRIL
Santos Telmo (B. Pedro González), Lamberto,

Sí, que no está la **humildad** en que si el rey os hace merced no la toméis, sino tomarla y entender cuán sobrada os viene y holgaros de ello. (CP.28,3)

15 ABRIL
Santos Damián de Molokai, Abundio, Teodoro y Pausilipo

No os curéis, hijas, de estas humildades, sino **tratad con Él como con padre y como con hermano** y como con señor y como con esposo; a veces de una manera, a veces de otra, que Él os enseñará lo que habéis de hacer para contentarle. Dejaos de ser bobas; pedidle la palabra, que vuestro esposo es, que os trate como tal. (CP.28,3)

16 ABRIL
Santos Bernardita de Lourdes, Engracia, Toribio de Astorga, Benito José Labre

Este modo de rezar, aunque sea vocalmente, con mucha más brevedad se recoge el entendimiento, y es oración que trae consigo muchos bienes. Llámase **recogimiento,** porque recoge el alma todas las potencias y se entra dentro de sí con su Dios, y viene con más brevedad a enseñarla su divino Maestro y a darla oración de quietud, que de ninguna otra manera. Porque allí metida consigo misma, puede pensar en la Pasión y representar allí al Hijo y ofrecerle al Padre y no cansar el entendimiento andándole buscando en el monte Calvario y al huerto y a la columna. (CP.28,4)

17 ABRIL
Santos Elías, Pablo e Isidoro de Córdoba, Pedro y Hermógenes, Roberto

Las que de esta manera se pudieren encerrar en este cielo pequeño de nuestra alma, adonde está el que le hizo, y la tierra, y acostumbrar a no mirar ni estar adonde se distraigan estos sentidos exteriores, crea que lleva excelente camino y que no dejará de llegar a beber el agua de la fuente, porque **camina mucho en poco tiempo.** (CP.28,5)

18 ABRIL
Santos Eusebio, Anastasia.
Beato Andrés Hibernón

Quien va por este camino, casi siempre que reza tiene **cerrados los ojos,** y es admirable costumbre para muchas cosas, porque es un hacerse fuerza a no mirar las de acá. (CP.28,6)

19 ABRIL
Santos León IX, Jorge de Antioquía, Marta

A mi parecer, si como ahora entiendo que en este palacio pequeñito de mi alma cabe tan gran Rey, que no le dejara tantas veces solo, alguna me estuviera con Él, y más procurara que **no estuviera tan sucia.** (CP:28,11)

20 ABRIL
Santos Inés de Montepulciano, Aniceto, Secundino

Poned los ojos en vos y miraos interiormente; hallaréis vuestro Maestro, que no os faltará, antes mientras menos **consolación exterior** más regalo os hará. Es muy piadoso, y a personas afligidas y desfavorecidas jamás falta, si confían en Él sólo. (CP.29,1)

21 ABRIL
Santos Anselmo, Anastasio, Román Adame

¡Oh Señor mío, que si de veras os conociésemos, no se nos daría nada de nada, porque **dais mucho a los que de veras se quieren fiar de Vos!** Creed, amigas, que es gran cosa entender es verdad esto, para ver que los favores de acá todos son mentira cuando desvían algo el alma de andar dentro de sí. (CP.29,3)

22 ABRIL
Santos Sotero y Cayo, Oportuna, Leónidas

Pues tornando a lo que decía, quisiera yo saber declarar cómo está esta **compañía santa con nuestro acompañador,** Santo de los santos, sin impedir a la soledad que ella y su Esposo tienen, cuando esta alma dentro de sí quiere entrarse en este paraíso con su Dios y cierra la puerta tras sí a todo lo del mundo. (CP.29,4)

23 ABRIL
Santos Jorge, Adalberto, Gerardo

Nos hemos de **desocupar de todo para llegarnos interiormente a Dios,** y aun en las misma ocupaciones retirarnos a nosotros mismos. Aunque sea por un momento solo aquel acuerdo de que tengo compañía dentro de mí, es gran provecho. (CP.29,5)

24 ABRIL
Santos Fidel, María Cleofé y Salomé, María Eufrasia, Benito Menni

Es muy amigo de quitarnos de trabajo; aunque en una hora no le digamos (el paternóster) más que una vez, como entendamos estamos con Él y lo que le pedimos y la gana que tiene de darnos y **cuán de buena gana se está con nosotros**, no es amigo de que nos quebremos las cabezas hablándole mucho. (CP.29,6)

25 ABRIL
Santos Marcos Evangelista, Pedro de Betancurt, Aniano

El Señor lo enseñe a las que no lo sabéis que de mí os confieso que nunca supe qué cosa era rezar con satisfacción hasta que el **Señor me enseñó este modo;** siempre ha hallado tantos provechos de esta costumbre de recogimiento dentro de mí. (CP.29,7)

26 ABRIL
Santos Isidoro de Sevilla, Rafael Arnáiz Barón, Cleto

Traer cuenta que puede, si quiere, **nunca se apartar de tan buena compañía** y pesarle cuando mucho tiempo ha dejado solo a su Padre, que está necesitada de él. Si pudiere, muchas veces en el día; si no, sea pocas. Como lo acostumbrare, saldrá con ganancia, o presto, o más tarde. Después que se lo dé el Señor no lo trocaría por ningún tesoro. (CP.29,7)

27 ABRIL
Santos Zita, Simeón.
Nuestra Señora de Montserrat

¿Quién hay, por disparatado que sea, que cuando pide a una persona grave no lleva pensado cómo la pedir, para contentarle y no serle desabrido, y qué le ha de pedir, y para qué ha menester lo que le ha de dar, en especial si pide cosa señalada, **como nos enseña que pidamos nuestro buen Jesús?** (CP.30,1)

28 ABRIL
Santos Luis Mª G. de Montfort, Pedro Chanel.
Beata Juana Beretta

A nosotros conocéisnos, Señor mío, que no estamos tan rendidos como lo estabais Vos a la **voluntad de vuestro Padre** y que era menester pedir cosas señaladas para que nos detuviésemos en mirar si nos está bien lo que pedimos, y si no, que no lo pidamos. (CP.30,2)

29 ABRIL
Santos Catalina de Siena, Síquico, Hugo

El gran bien que me parece a mí hay en el reino del cielo, con otros muchos, es ya **no tener cuenta con cosa de la tierra,** sino un sosiego y gloria en sí mismos, un alegrarse de que se alegren todos, una paz perpetua, una satisfacción grande en sí mismos, que les viene de ver que todos santifican y alaban al Señor y bendicen su nombre y no le ofende nadie. (CP.30,5)

30 ABRIL
Santos Pío V, José B. Cottolengo, Amador

Todos le aman, y la misma alma no entiende en otra cosa sino en amarle ni puede dejarle de amar, porque le conoce. Y así le amaríamos acá, aunque no en esta perfección, ni en un ser; mas **muy de otra manera le amaríamos de lo que le amamos si le conociésemos.** (CP:30,5)

MAYO

1 MAYO
Santos José Obrero, Jeremías, Ricardo Pampuri

Solo pido, por amor de Dios, que lo pruebe quien no me creyere, y verá por experiencia el gran bien que es encomendarse a **este glorioso Patriarca,** y tenerle devoción. Quien no hallare maestro que le enseñe oración, tome este glorioso Santo por maestro, y no errará en el camino. (V.6,8)

2 MAYO
Santos Atanasio, Félix de Sevilla, Hesperio y Zoes e hijos

Parecióme estando así, que me vestía una ropa de mucha blancura y claridad, y al principio no veía quién me la vestía; después vi a nuestra Señora hacia el lado derecho y a mi padre **San José** al izquierdo, que me vestían aquella ropa; diósome a entender que estaba ya **limpia de mis pecados.** (V.33,14)

3 MAYO
Santos Felipe y Santiago Apóstoles, Timoteo y Maura, Juvenal

Acabada de vestir, y yo con grandísimo deleite y gloria, luego me pareció asirme de las manos nuestra Señora: díjome que la daba mucho contento en **servir al glorioso San José,** que creyese que lo que pretendía del monasterio se haría y en él se serviría mucho el Señor y ellos dos; que no temiese habría quiebra en esto jamás, aunque la obediencia que daba no fuese de mi gusto, porque ellos nos guardarían, y que ya su Hijo nos había prometido andar con nosotras, que para señal que sería esto verdad me daba aquella joya. (V.33,14)

4 MAYO
Santos José María Rubio, Florián, Silvano

Era grandísima la hermosura que vi en **nuestra Señora,** aunque por figuras no determiné ninguna particular, sino toda junta la hechura del rostro, vestida de blanco con grandísimo resplandor, no que deslumbra, sino suave. (V.33,15)

5 MAYO
Santos Ángel de Sicilia, Máximo, Niceto

Parecíame **nuestra Señora** muy niña. Estando así conmigo un poco, y yo con grandísima gloria y contento, más a mi parecer que nunca le había tenido y nunca quisiera quitarme de él. (V.33,15)

6 MAYO
Santos Domingo Savio, Lucio Cireneo, Benita

Yo quedé con mucha soledad, aunque tan consolada y elevada y recogida en oración y enternecida, que estuve algún espacio que menearme ni hablar no podía, sino casi fuera de mí. Quedé con un ímpetu **grande de deshacerme por Dios.** (V.33,15)

7 MAYO
Santos Flavia Domitila, Agustín Roscelli, Flavio

Estando haciendo oración en la Iglesia antes que entrase en el monasterio, estando casi en arrobamiento, vi a Cristo con grande amor me pareció me recibía y ponía una corona y **agradeciéndome lo que había hecho por su Madre.** (V.36,24)

8 MAYO
Santos Víctor, Eladio, Arsenio
Ntra. Sra. de Luján

Otra vez, estando todas en el coro en oración después de Completas, vi a **nuestra Señora** con grandísima gloria, con manto blanco, y debajo de él parecía ampararnos a todas; entendí cuán alto grado de gloria daría el Señor a las de esta casa. (V.36,24)

9 MAYO
Santos Isaías, Hermes, Pacomio, Catalina de Bolonia

Otra vez vi estar a nuestra Señora poniendo una capa blanca al Presentado de esta misma Orden, (fray Pedro Ibáñez, dominico). Díjome que por el servicio que la había hecho en ayudar a que se hiciese esta casa (San José de Ávila) le daba aquel manto en señal que **guardaría su alma en limpieza** de ahí adelante y que no caería en pecado mortal. Yo tengo cierto que así fue. (V.38,13)

10 MAYO
Santos Juan de Ávila, Antonino de Florencia, Job

Procuremos ser tales que valgan nuestras **oraciones** para ayudar a estos siervos de Dios, **(sacerdotes)** que con tanto trabajo se han fortalecido con letras y buena vida y trabajado para ayudar ahora al Señor. (CP.3,2)

11 MAYO
Santos Francisco de Jerónimo, Mamerto. Beato Zeferino Namuncurá

No sois Vos, Criador mío, desagradecido para que piense yo daréis menos de lo que os suplican; ni aborrecisteis, Señor de mi alma, cuando andabais por el mundo, las mujeres, antes las **favorecisteis siempre con mucha piedad.** (CP.3,7)

12 MAYO
Santos Nereo y Aquiles, Pancracio, Domingo de la Calzada

Parezcámonos, hijas mías, en algo a la gran humildad de la **Virgen Santísima,** cuyo hábito traemos, que es confusión nombrarnos monjas suyas; que por mucho que nos parezca nos humillamos, quedamos bien cortas para ser hijas de tal Madre y esposas de tal Esposo. (CP.13,3)

13 MAYO
Nuestra Señora de Fátima. Santos Pedro Nolasco, Pedro Regalado

No hay dama que así le haga rendir como la **humildad;** ésta le tajo del cielo en las entrañas de la Virgen, y con ella le traeremos nosotras de un cabello a nuestras almas, (CP.16,2)

14 MAYO
Santos Matías Apóstol,
María Dominica Mazzarello, Justa y Eredina

Quien ahora no se quiere hacer un poquito de fuerza a recoger siquiera la vista para **mirar dentro de sí a este Señor,** muy menos se pusiera al pie de la cruz con la Magdalena. Mas ¡qué debía pasar la gloriosa Virgen y esta bendita Santa! ¡Qué de amenazas, qué de malas palabras y qué de encontrones, y qué descomedidas! (CP.26,8)

15 MAYO
Santos Isidro Labrador, Juana de Lestonnac,
Witesindo de Córdoba

Parecíame que la persona del Padre me llegaba a Sí y decía palabras muy agradables. Entre ellas me dijo, mostrándome lo que quería:"Yo te di a mi Hijo, al Espíritu Santo y a esta Virgen **¿Qué me puedes tú dar a mí?** (Rel.25)

16 MAYO
Santos Gema Galgani, Simón Stock,
Alipio y Posidio

Toda mi vida se me ha ido en deseos y las obras no las hago. Válgame la misericordia de Dios, en quien yo he confiado siempre por su Hijo sacratísimo y la Virgen nuestra Señora, cuyo hábito por la bondad del Señor traigo. (F.28,35)

17 MAYO
Santos Pascual Bailón, Víctor, Heraclio y Pablo

Un día me dijo el Señor: "Siempre deseas los trabajos, y por otra parte los rehúsas: Yo dispongo las cosas conforme a lo que sé de tu voluntad y no conforme a tu sensualidad y flaqueza. **Esfuérzate, pues ves lo que te ayudo.** He querido que ganes tú esta corona. En tus días, verás muy adelantada la Orden de la Virgen". (Rel.14)

18 MAYO
Santos María Josefa del Sagrado Corazón, Rafaela María, Félix

Díjome que **en resucitando había visto a nuestra Señora,** porque estaba ya con gran necesidad, que la pena tenía tan absorta y traspasada, que aún no tornaba luego en sí para gozar de aquel gozo (por aquí entendí esotro mi traspasamiento, mas ¡cuál debía ser el de la Virgen!); y que había estado mucho con ella; porque había sido menester hasta consolarla. (Rel.15,6)

19 MAYO
Santos Francisco Coll, Urbano I, Ivón, Celestino V

Cúmplase, Señor, en mí vuestra voluntad de todos los modos y maneras que vos, Señor mío, quisiereis; si queréis con trabajos, dadme esfuerzo y vengan; si con persecuciones y enfermedades y deshonras y necesidades, aquí estoy, no volveré el rostro, Padre mío, ni es razón vuelva las espaldas. (CP.32,10)

20 MAYO
Santos Bernardino de Siena, Lidia, Áurea

En especial, personas de oración siempre le habían de ser aficionadas (a San José); que no sé cómo se puede pensar en la Reina de los ángeles en el tiempo que tanto pasó con el Niño Jesús, que no den gracias a **San José** por lo bien que les ayudó a ellos. (V.6,8)

21 MAYO
Santos Cristóbal Magallanes, Eugenio de Mazenod, Mancio de Évora

Es muy buena compañía el buen Jesús para no nos apartar de ella, y de su Sacratísima Madre, y gusta mucho de que nos dolamos de sus penas, aunque dejemos nuestro contento y gusto algunas veces. (6M.7,3)

22 MAYO
Santos Joaquina de Vedruna, Rita de Casia, Quiteria

Cree que **a quien mi Padre más ama, da mayores trabajos,** y a éstos responde el amor. ¿En qué te le puedo más mostrar que querer para ti lo que quise para Mí? Mira estas llagas, que nunca llegaron aquí tus dolores. Este es el camino de la verdad. (Rel.36,1)

23 MAYO
Santos Lucio, Eutiquio

Bien es procurar más **soledad** para dar lugar al Señor y dejar a Su Majestad que obre como en cosa suya; y cuando más, una palabra de rato en rato suave, como quien da un soplo en la vela, cuando viere que se ha muerto, para tornarla a encender; mas si está ardiendo, no sirve de más de matarla, a mi parecer. Digo que sea suave el soplo, porque por concertar muchas palabras con el entendimiento no ocupe la voluntad. (CP.31,8)

24 MAYO
María Auxiliadora. Santos Vicente de Lèrins, Simón Estilita, Juana

Un día, acabando de comulgar, me pareció verdaderamente que **mi alma se hacía una cosa con aquel cuerpo sacratísimo del Señor,** cuya presencia se me representó e hízome gran operación y aprovechamiento. (Rel.49)

25 MAYO
Santos Beda, Gregorio VII,
Mª Magdalena de Pazzi, Magdalena Sofía,
Vicenta María

Estando yo una vez deseando de hacer algo en servicio de nuestro Señor, pensé qué apocadamente podía yo servirle, y dije entre mí: **"¿Para qué, Señor, queréis Vos mis obras?".** Díjome: "Para ver tu voluntad, hija". (Rel.52)

26 MAYO
Santos Felipe Neri, Mariana de Jesús Paredes,
Pedro Mártir Sans

¡Oh Señor mío y Misericordia mía y Bien mío! Y ¿qué mayor le quiero yo en esta vida que **estar tan junto a Vos,** que no haya división entre Vos y mí? Con esta compañía, ¿qué se puede hacer dificultoso? ¿Qué no se puede emprender por Vos, teniéndoos tan junto? (C.4,9)

27 MAYO
Santos Agustín de Canterbury, Bruno,
Bárbara Kim y Bárbara Yi

"Ya yo veo, Esposo mío, que **Vos sois para mí**; no lo puedo negar. Por mí vinisteis al mundo, por mí pasasteis tan grandes trabajos, por mí sufristeis tantos azotes, por mí os quedasteis en el Santísimo Sacramento y ahora me hacéis tan grandísimos regalos. (C.4,10)

28 MAYO
Santos Justo de Urgel, Germán de París, Guillermo

¡Si aprendiesen algo de la **humildad de la Virgen** sacratísima! (C.6,5)

29 MAYO
Santos Bona, Gerardo, Maximino

Mirad, mis hijas, los juicios de Dios, y la **obligación que tenemos de servirle** las que nos ha dejado perseverar hasta hacer profesión y quedar para siempre en la casa de Dios y por hijas de la Virgen. (F.27,10)

30 MAYO
Santos Fernando Rey, Juana de Arco, Matías Mulumba. Beata Matilde Téllez

Una vez acabando de comulgar, se me dio a entender cómo este santísimo **Cuerpo de Cristo le recibe su Padre dentro de nuestra alma,** como yo entiendo y he visto están estas divinas Personas, y cuán agradable le es esta ofrenda de su Hijo, porque se deleita y goza con Él. (Rel.57)

31 MAYO
Visitación de la Virgen María.
Santos Noé Mawaggali, Petronila, Silvio

Cuando murió mi madre quedé yo de edad de doce años, poco menos. Como yo comencé a entender lo que había perdido, afligida **fuime a una imagen de nuestra Señora y supliquéla fuese mi madre,** con muchas lágrimas. Paréceme que, aunque se hizo con simpleza. que me ha valido; porque conocidamente he hallado a esta Virgen soberana en cuanto me he encomendado a ella; y, en fin, me ha tornado a sí. Fatígame ahora ver y pensar en qué estuvo el no haber yo estado entera en los buenos deseos que comencé. (V. 1,6)

JUNIO

1 JUNIO
Santos Justino, Fortunato, Íñigo, Próculo
¡Oh Señor, que **vuestros caminos son suaves!** Mas ¿quién caminará sin temor? Temo de estar sin serviros, y cuando os voy a servir, no hallo cosa que me satisfaga, para pagar algo de lo que debo. (Ex.1,1)

2 JUNIO
Santos Marcelino y Pedro, Eugenio I, Erasmo, Guido
Sabe el traidor que alma que tenga **con perseverancia oración** la tiene perdida y que todas las caídas que le hace dar la ayudan, por la bondad de Dios, a dar después mayor salto en lo que es su servicio. (V.19,4)

3 JUNIO
Santos Carlos Luanga, Juan Grande, Clotilde, Olivia
¡Oh Dios mío y Misericordia mía! ¿Qué haré para que **no deshaga yo las grandezas que Vos hacéis conmigo?** Vuestras obras son santas, son

justas, son de inestimable valor, y con gran sabiduría; pues la misma sois Vos, Señor. (Ex.1,2)

4 JUNIO
Santos Pedro Mártir de Verona, Francisco Caracciolo, Walter

La voluntad con sosiego, con un **no osar alzar los ojos con el publicano,** hace más hacimiento de gracias que cuanto el entendimiento, con trastornar la retórica por ventura puede hacer. (V.15,9)

5 JUNIO
Santos Bonifacio, Doroteo, Franco, Sancho

¿A quién me quejo? ¿Quién me oye sino Vos, Padre y Criador mío? Pues para entender Vos mi pena, ¿qué necesidad tengo de hablar, pues tan claramente **veo que estáis dentro de mí?** (Ex.1,3)

6 JUNIO
Santos Norberto, Marcelino Champagnat, Rafael Guízar, Artemio y Paulina

Muchas veces, Señor mío, considero que, si con algo se puede sustentar el vivir sin Vos, es en la **soledad,** porque descansa el alma con su descanso, puesto que, como no se goza con entera libertad, muchas veces se dobla el tormento; mas el que da el haber con las criaturas y dejar de entender el alma a solas con su Criador, hace tenerle por deleite. (Ex.2,1)

7 JUNIO
Santos Antonio Mª Gianelli, Roberto, Pedro. Beata Ana de S. Bartolomé

¡Oh amor poderoso de Dios, **cuán diferentes son tus afectos del amor del mundo!** Este no quiere compañía por parecerle que le han de quitar de lo que posee. El de mi Dios, mientras más amadores entiende que hay, mas crece, y así sus gozos se templan en ver que no gozan todos de aquel bien. (Ex.2,1)

8 JUNIO
Santos Maximino, Guillermo, Medardo

¡Oh Jesús mío! Cuán grande es **el amor que tenéis a los hijos de los hombres,** que el mayor servicio que se os puede hacer es dejaros a Vos por su amor y ganancia, y entonces sois poseído más enteramente. (Ex.2,2)

9 JUNIO
Santos Efrén, Ricardo, Columba. Beato José de Anchieta

Quien no le amare, (al prójimo) no os ama, Señor mío; pues con tanta sangre vemos mostrado el amor tan grande que tenéis a los hijos de Adán. (Ex.2,2)

10 JUNIO
Santos Landerico, Itamar, Bogumilo

¡Oh Señor de mi alma, y quién tuviera palabras para dar a entender **qué dais a los que se fían de Vos,** y qué pierden los que llegan a este estado y se quedan consigo mismos! (V.22,17)

11 JUNIO
Santos Bernabé, María Rosa Molas, Alicia

¡Oh Señor mío, cómo **sois Vos el amigo verdadero,** y como poderoso cuando queréis, podéis, y nunca dejáis de querer si os quieren! ¡Alaben os todas las cosas del mundo! (V.25,17)

12 JUNIO
Santos Juan de Sahagún, León III, Onofre

¡Oh quien diese voces por el mundo para decir **cuán fieles sois a vuestros amigos!** Todas las cosas faltan; Vos, Señor de todas ellas, nunca faltáis. Poco es lo que dejáis padecer a quien os ama. (V.25,17)

13 JUNIO
Santos Antonio de Padua, Eulogio, Aquileo

¡Oh, quién nunca se hubiera detenido en **amar a nadie sino a Vos!** Parece, Señor, que probáis con rigor a quien os ama, para que en el extremo del trabajo se entienda el mayor extremo de vuestro amor. (V.25,17)

14 JUNIO
Santos Eliseo, Anastasio, Fortunato, Metodio

¡Oh Dios mío, quién tuviera letras y nuevas palabras para encarecer vuestras obras como lo entiende mi alma! Fáltame todo, Señor mío; mas **si Vos no me desamparáis, no os faltaré yo a Vos.** (V.25,17)

15 JUNIO
Santos María Micaela, Amós, Germana, Benilde, Vito

Levántense contra mí todos los letrados, persíganme todas las cosas criadas, atorménteme los demonios: **no me faltéis Vos, Señor,** que ya tengo experiencia de la ganancia con que sacáis a quien sólo en Vos confía. (V.25,17)

16 JUNIO
Santos Quirico y Julita, Lutgarda, Aureliano

¡Oh, qué buen Dios! ¡Oh, qué buen Señor y qué poderoso! **No sólo da el consejo, sino el remedio.** Sus palabras son obras. ¡Oh válgame Dios, y cómo fortalece la fe y se aumenta el amor! (V.25,18)

17 JUNIO
Santos Teresa de Portugal, Avito, Domingo Nguyen

Yo deseo servir a este Señor; no pretendo otra cosa sino contentarle; no quiero contento, ni descanso, ni otro bien, sino hacer su voluntad. (V.25,19)

18 JUNIO
Santos Marcos y Marcelino, Ciriaco y Paula, Gregorio Barbarigo

Su Majestad ha sido **libro verdadero adonde he visto las verdades.** ¡Bendito sea tal libro, que deja impreso lo que ha de leer y hacer de manera que no se puede olvidar! (V.26,5)

19 JUNIO
Santos Romualdo, Gervasio y Protasio, Lamberto, Juliana

Estando un día del glorioso San Pedro en oración, vi cabe mí, o sentí, por mejor decir, que con los ojos del cuerpo ni del alma no vi nada, mas parecíame **estaba junto cabe mí Cristo,** y veía ser Él el que me hablaba. (V.27,2)

20 JUNIO
Santos Florentina de Cartagena, Metodio, Juan de Mateola

Parecíame andar **siempre a mi lado Jesucristo,** y

como no era visión imaginaria, o veía en qué forma; mas estar siempre al lado derecho, sentíalo muy claro, y que era testigo de todo lo que yo hacía, y que ninguna vez que me recogiese un poco o no estuviese muy divertida, podía ignorar que estaba cabe mí. (V.27,2)

21 JUNIO
Santos Luis Gonzaga, Ramón de Roda, José Isabel Flores

¡Oh **benignidad admirable de Dios** que así os dejáis mirar de unos ojos que tan mal han mirado como los de mi alma! Queden ya, Señor, de esta vista acostumbrados en no mirar cosas bajas, ni que les contente ninguna fuera de Vos. (V.27,11)

22 JUNIO
Santos Paulino de Nola, Juan Fisher y Tomás Moro

Mirad que es así cierto, que **se da Dios a sí a los que todo lo dejan por Él.** No es aceptador de personas, a todas ama, no tiene nadie excusa por ruin que sea. (V.27,12)

23 JUNIO
Santos José Cafasso, Edeltrudis, Tomás Garnet

¡Qué gloria accidental será y qué contento de

los bienaventurados que ya gozan, cuando vieren que, aunque tarde, **no les quedó cosa por hacer por Dios de las que les fue posible,** ni dejaron cosa por darle de todas las maneras que pudieron, conforme a sus fuerzas y estado, y el que más, más! (V.27,14)

24 JUNIO
NATIVIDAD DE SAN JUAN BAUTISTA.
Santos Simplicio, Rumoldo

¡Qué rico se hallará el que **todas las riquezas dejó por Cristo**! ¡qué honrado el que no quiso honra por Él, sino que gustaba de verse muy abatido! ¡qué sabio el que se holgó de que le tuviesen por loco, pues lo llamaron a la misma Sabiduría!, ¡qué pocos hay ahora por nuestros pecados! Ya, ya parece se acabaron los que las gentes tenían por locos, de verlos hacer obras heroicas de verdaderos amadores de Cristo. ¡Oh mundo, mundo, cómo vas ganando honra en haber pocos que te conozcan! (V.27,14)

25 JUNIO
Santos Máximo de Turín, Próspero de Aquitania, Orosia, Domingo Henares

Viene a veces con tan gran majestad, que no hay quien pueda dudar sino que es el mismo Señor, en especial en **acabando de comulgar,** que ya sabemos está allí, que nos lo dice la fe.

Representase tan señor de aquella posada, que parece toda deshecha el alma, se ve consumir en Cristo. ¡Oh Jesús mío, quién pudiese dar a entender la majestad con que os mostráis! (V.28,8)

26 JUNIO
Santos Pelayo, Josemaría Escrivá, José Mª Robles

Yo me veía crecer en amarle muy mucho; íbame a quejar a Él de todos estos trabajos; **siempre salía consolada de la oración** y con nuevas fuerzas. (V.29,4)

27 JUNIO
Santos Cirilo de Alejandría, Zoilo. Ntra. Sra. del Perpetuo Socorro

¡Oh artificio soberano del Señor! ¡Qué industria tan delicada hacías con vuestra esclava miserable! Escondíaisos de mí y apretábaisme con vuestro amor, con una muerte tan sabrosa que nunca el alma querría salir de ella. (V.29,8)

28 JUNIO
Santos Ireneo de Lyon, Argimiro, Pablo I, Lucía Wang-Cheng

He lástima grande al alma de verla en tan mala compañía. Deseo verla con libertad, y así digo al Señor: "¿cuándo, Dios mío, acabaré ya de ver mi alma junta en vuestra alabanza, que os gocen todas las potencias? **¡No permitáis, Señor, sea ya más despedazada,** que no parece sino que cada pedazo, anda por su cabo! (V.30,16)

29 JUNIO
SANTOS PEDRO Y PABLO APÓSTOLES,
Emma, Siro

Otro tiempo traía yo delante muchas veces lo que dice **San Pablo,** que todo se puede en Dios, en mí bien entendía no podía nada. Pensaba muchas veces que no había perdido nada **San Pedro** en arrojarse en la mar, aunque después temió. Estas primeras determinaciones son gran cosa. (V.13,3)

30 JUNIO
Santos Protomártires de Roma, Marcial, Ladislao, Adolfo

¡Oh, qué de veces me acuerdo del **agua viva** que dijo el Señor a la Samaritana!, y así, cierto, que sin entender como ahora este bien, desde muy niña lo era y suplicaba muchas veces al Señor me diese aquella agua, y la tenía dibujada adonde estaba siempre, con este letrero, cuando el Señor llegó al pozo. Domine, da mihi aquam. (V.30,19)

JULIO

1 JULIO
Santos Aarón, Nicasio, Justino Orona y Atilano Cruz

¡Oh bondad y humanidad grande de Dios, cómo no mira las palabras, sino los deseos y voluntad con que se dicen! ¡Cómo sufre que una como yo hable a Su Majestad tan atrevidamente! Sea bendito por siempre jamás. (V.34,9)

2 JULIO
Santos Bernardino Realino, Liberato, Monegunda

Estando muy recogida, con un estilo abobado que muchas veces, sin saber lo que digo, trato; que **el amor es el que habla** y esté el alma tan enajenada, que no miro la diferencia que haya de ella a Dios. Porque el amor que conoce que la tiene Su Majestad, la olvida de sí y le parece está en Él y, como una cosa propia sin división habla desatinos. (V.34,8)

3 JULIO
Santos Tomás Apóstol, Heliodoro, León
¡Oh Señor mío y bien mío!, ¿cómo queréis que se desee vida tan miserable, que no es posible dejar de querer y pedir nos saquéis de ella si no es con esperanza de perderla por Vos o gastarla muy de veras en vuestro servicio, y sobre todo entender que es vuestra voluntad? Si lo es, Dios mío, muramos con Vos, como dijo **Santo Tomás,** que no es otra cosa sino morir muchas veces vivir sin Vos y con estos temores de que puede ser posible perderos para siempre. (Moradas 3, cap. 1,2)

4 JULIO
Santos Isabel de Portugal, Valentín de Berriochoa, Berta. B. Pedro Jorge Frassati
¡Oh **Rey de la gloria** y Señor de todos los reyes! ¡Cómo no es vuestro reino armado de palillos, pues no tiene fin! ¡Cómo no son menester terceros para Vos! (V.37,6)

5 JULIO
Santos Antonio Mª Zaccaría, Marta
¡Oh Señor mío! ¡Oh Rey mío! ¡Quién supiera ahora representar la majestad que tenéis! Es imposible dejar de ver que sois gran Emperador en Vos mismo, que espanta mirar esta majestad; mas más espanta, Señor mío, mirar con

ella vuestra **humildad** y el **amor** que mostráis a una como yo. En todo se puede tratar y hablar con Vos como quisiéramos, perdido el primer espanto y temor de ver Vuestra Majestad, con quedar mayor para no ofenderos; mas no por miedo al castigo, Señor mío, porque éste no se tiene en nada en comparación de no perderos a Vos. (V.37,6)

6 JULIO
Santos María Goretti, Rómulo, Paladio

¿Cómo, Dios mío, que no basta que me tenéis en esta miserable vida, y que por amor de Vos paso por ello, y quiero vivir adonde todo es embarazos para no gozaros, sino que he de comer y dormir y negociar y tratar con todos, y **todo lo paso por amor de Vos,** pues bien sabéis, Señor mío, que me es tormento grandísimo, y que tan poquitos ratos como me quedan para gozar de Vos os me escondáis? ¿Cómo lo puede sufrir el amor que me tenéis? Creo yo, Señor, que si fuera posible poderme esconder yo de Vos, como Vos de mí, que pienso y creo del amor que me tenéis que no lo sufrierais; mas estáisos Vos conmigo y veisme siempre. ¡No se sufre esto, Señor mío! Suplícoos miréis que se hace agravio a quien tanto os ama! (V.37,8)

7 JULIO
Santos Fermín, Odón, Edilburga

Estando una noche en oración, comenzó el Señor a decirme algunas palabras trayéndome a la memoria por ellas **cuán mala había sido mi vida,** que me hacían harta confusión y pena; porque, aunque no van con rigor, hacen un sentimiento y pena que deshacen, y siéntese más aprovechamiento de conocernos con una palabra de éstas que en muchos días que nosotros consideremos nuestra miseria, porque trae consigo esculpida una verdad que no la podemos negar. (V.38,16)

8 JULIO
Santos Áquila y Priscila, Adrián, Pancracio

Cuando yo me llegaba a **comulgar** y me acordaba de aquella Majestad grandísima que había visto y miraba que era el que estaba en el Santísimo Sacramento, los cabellos se me espeluzaban, y toda parecía me aniquilaba. ¡Oh Señor mío! Mas si no encubrierais vuestra grandeza, ¿quién osara llegar tantas veces a juntar cosa tan sucia y miserable con tan gran Majestad? (V.38,19)

9 JULIO
Santos Juan de Colonia, Verónica Giuliani. Ntra. Sra. del Rosario de Chiquinquirá

¡Oh **riqueza de los pobres,** y qué admirable-

mente sabéis sustentar las almas y, sin que
vean tan grandes riquezas, poco a poco se las
vais mostrando! (V.38,21)

10 JULIO
Santas Amalia, Rufina, Segunda, Anatolia y Victoria

Me dice su Majestad muchas veces, mostrándome gran amor: **Ya eres mía y Yo soy tuyo.** Las que yo siempre tengo costumbre de decir, y a mi parecer las digo con verdad, son: ¿Qué se me da, Señor, a mí de mí, sino de Vos? (V.39,21)

11 JULIO
Santos Benito, Pío I, Olga, Marciano, Marciana

Díjome: ¡Ay, hija, **qué pocos me aman de verdad!** que si me amasen, no les encubriría Yo mis secretos. ¿Sabes qué es amarme de verdad? Entender que todo es mentira lo que no es agradable a mí. Con claridad verás esto que ahora no entiendes, en lo que aprovecha a tu alma. (V.40,1)

12 JULIO
Santos Ignacio Clemente Delgado, Juan Gualberto, Juan Jones y Juan Wall

Estando una vez en oración con mucho recogimiento y suavidad y quietud, parecíame estar rodeada de ángeles y muy cerca de Dios. Comencé a **suplicar a Su Majestad por la Iglesia.** Diósome a entender el gran provecho que había de hacer una Orden en los tiempos postreros, y con la fortaleza que los de ella han de sustentar la fe. (V.40,12)

13 JULIO
Santos Enrique, Teresa de J. de los Andes, Silas, Esdras. B. Jacobo de Varazze

Díjome una vez consolándome, que no me fatigase (esto con mucho amor), que en esta vida no podíamos estar siempre en un ser; que unas veces tendría hervor y otras estaría sin él; unas con desasosiegos y otras con quietud y tentaciones, mas **que esperase en Él y no temiese.** (V.40,18)

14 JULIO
Santos Camilo, Francisco Solano, Tuscana

Siempre en todas las cosas me aconsejaba este Señor, hasta decirme cómo me había de haber con los flacos y con algunas personas. **Jamás se descuida de mí.** (V.40,19)

15 JULIO
Santos Buenaventura, Pompilio Mª Pirrotti, Vladimiro

"Señor, **o morir o padecer;** no os pido otra cosa

para mí". Dame consuelo oír el reloj, porque me parece me allego un poquito más para ver a Dios de que veo ser pasada aquella hora de la vida. (V.40,20)

16 JULIO
Ntra. Sra. del Carmen. Santos Reinilda, Grimoaldo y Gondulfo

Estando todas en el coro en oración, después de Completas, vi a nuestra Señora con grandísima gloria, con manto blanco y debajo de él parecía ampararnos a todas... Guardamos la Regla de **nuestra Señora del Carmen**, y cumplida ésta sin relajación, sino como la ordenó Fray Hugo [de San Caro, O. P.], cardenal de Santa Sabina. Plega al Señor sea todo para gloria y alabanza suya, y de la gloriosa Virgen María, cuyo hábito traemos. (V. 36, 24.26.28)

17 JULIO
Santos Justa y Rufina, Marcelina, AleJo, Jacinto

¿Qué se me da a mí de los reyes y señores, si no quiero sus rentas, ni de tenerlos contentos si un tantito se atraviesa haber de descontentar en algo por ellos a Dios? ¿Ni qué se me da de sus honras si tengo entendido en lo que está ser muy honrado un pobre, que es en **ser verdaderamente pobre?** (CP.2,5)

18 JULIO
Santos Arnulfo, Teodosia, Bruno, Federico

Tengo para mí que **honras y dineros casi siempre andan juntos,** y que quien quiere honra, no aborrece dineros, y quien los aborrece que se le da poco de honra. (CP.2,6)

19 JULIO
Santos Epafras, Macrina, Áurea, Belnoldo

La **verdadera pobreza** trae una honraza consigo que no hay quien la sufra; la pobreza que es tomada por solo Dios, digo, no ha menester contentar a nadie sino a El. (CP.2,6)

20 JULIO
Santos Apolinar, Elías, José Mª Díaz Sanjurjo, Marina, Aurelio

Parezcámonos en algo a nuestro Rey, que no tuvo casa sino en el **portal de Belén** adonde nació, **y la cruz** donde murió. Casas eran estas donde se podía tener poca recreación. (CP.2,9)

21 JULIO
Santos Lorenzo de Brindis, Práxedes, Víctor, Alberico

¿Qué va en que esté yo hasta el día del juicio en el purgatorio, **si por mi oración se salvase un**

alma? ¡Cuántas más el provecho de muchas y la honra del Señor! (CP.3,6)

22 JULIO
Santos María Magdalena, Anastasio, Cirilo, Gualterio (Walter)

Era yo muy devota de la gloriosa **Magdalena,** y muy muchas veces pensaba en su conversión, en especial cuando comulgaba; que como sabía estaba allí cierto el Señor dentro de mí, poníame a sus pies, pareciéndome no eran de desechar mis lágrimas; y no sabía lo que decía, que harto hacía quien por Sí me las consentía derramar, pues tan presto se me olvidaba aquel sentimiento; y encomendábame a aquesta glorios Santa para que me alcanzase perdón. (V.9,2)

23 JULIO
Santos Brígida, Ezequiel, Juan Casiano, Severo. B. Margarita Maturana

Determiné a hacer eso poquito que era en mí, que es seguir los **consejos evangélicos** con toda la perfección que yo pudiese, y procurar que estas poquitas que están aquí hiciesen lo mismo, confiada en la gran bondad de Dios que nunca falta de ayudar a quien por él se determina a dejarlo todo. (CP.1,2)

24 JULIO
Santos Sarbelio, José Fernández, Cristina, Balduino, Boris y Gleb

¡Oh Redentor mío, que no puede mi corazón llegar aquí sin fatigarse mucho! **¿Qué es esto ahora de los cristianos?** ¿Siempre han de ser los que más os deben los que os fatiguen? A los que mejores obras hacéis, a los que escogéis para vuestros amigos, entre los que andáis y os comunicáis por los sacramentos, ¿no están hartos de los tormentos que por ellos habéis pasado?(CP.1,3)

25 JULIO
SANTIAGO EL MAYOR. S Cucufate, Cristóbal, Olimpia

Dos horas son de vida, grandísimo el premio; y cuando no hubiera ninguno sino cumplir lo que nos aconsejó el Señor, **será grande la paga imitar en algo a su Majestad.** (CP.2,7)

26 JULIO
Santos Joaquín y Ana, Jorge Precca

De penas que se acaban no hagáis caso de ellas cuando interviniere algún servicio mayor al que tanto pasó por nosotros: siempre os informad lo que es más perfecto. Así que os pido, por amor del Señor, pidáis a su Majestad, nos oiga en esto. Yo aunque miserable lo pido a su Majestad, pues es **para gloria suya y bien de su Iglesia,** que aquí van mis deseos. (CP.3,6)

27 JULIO
Santos Celestino I, Pantaleón, Juliana y Semproniana. B. Tito Brandsma

Cuando os pidiéremos honras, no nos oigáis, o rentas o dineros, o cosa que sepa a mundo; mas **para honra de vuestro Hijo,** ¿por qué no nos habéis, Padre eterno, a quien perdería mil honras y mil vidas por vos? No por nosotras, Señor, que no lo merecemos, sino por la sangre de vuestro Hijo y sus merecimientos. (CP.3,7)

28 JULIO
Santos Víctor I, Melchor de Quirós, Pedro Poveda, Nazario y Celso

Amemos las virtudes y lo bueno interior, y siempre con estudio traigamos cuidado de apartarnos de hacer caso de esto exterior. No consintamos, oh hermanas, que sea **esclava de nadie nuestra voluntad, sino del que la compró por su sangre;** miren que, sin entender cómo, se hallarán asidas, que no se puedan valer. ¡Oh, válgame Dios!, las niñerías que vienen de aquí no tienen cuento. (CP.4,7-8)

29 JULIO
Santos Marta de Betania, Urbano II, Félix, Próspero

Santa era Santa **Marta**, aunque no dicen era contemplativa; pues ¿qué más queréis que poder llegar a ser como esta bienaventuradas, que mereció tener a Cristo nuestro Señor tantas veces en su casa y darle de comer y servirle y comer a su mesa? Si se estuviera como la Magdalena, embebida, no hubiera quien diera de comer a este divino Huésped. (CP.17,5)

30 JULIO
Santos Pedro Crisólogo, Abdón y Senén, Julita

Tornando al amarnos unas a otras, parece cosa impertinente encomendarlo; porque ¿qué gente hay tan bruta que tratándose siempre y estando en compañía, y no habiendo de tener otras conversaciones ni otros tratos ni recreaciones con personas de fuera de casa, y creyendo nos ama Dios y ellas a Él – pues por su **Majestad lo dejan todo** – que no cobre amor? En especial, que la virtud siempre convida a ser amada. (CP.4,10)

31 JULIO
Santos Ignacio de Loyola, Fabio, Elena

Acordémonos de nuestros padres santos pasados, ermitaños, cuya vida pretendemos imitar; ¡qué pasarían de dolores y qué a solas, y de fríos y hambre y sol y calor, sin tener a quién se quejar sino a Dios! ¿Pensáis que eran de hierro? Pues tan delicados eran como nosotras. Y creed, hijas, que en comenzando a vencer estos corpezuelos, no nos cansan tanto. Hartas habrá que miren lo que es menester; descuidaos de vosotras si no fuere a necesidad conocida. Si no nos determinamos a **tragar de una vez la muerte y la falta de salud,** nunca haremos nada. (CP.11,4)

AGOSTO

1 AGOSTO
Santos Alfonso Mª de Ligorio, Félix

Mostrémonos a **contradecir en todo nuestra voluntad;** que si traéis cuidado – como he dicho – sin saber cómo, poco a poco os hallaréis en la cumbre. Mas ¡qué gran rigor parece decir no nos hagamos placer en nada, como no se dice qué gustos y deleites trae consigo esta contradicción y lo que se gana con ella.
(CP.12,3)

2 AGOSTO
Santos Eusebio, Pedro Julián Eymard. Beata Juana de Aza. Ntra. Sra. de los Ángeles

Dios nos libre de personas que le quieren servir acordarse de honras. Mirad que es mala ganancia, y –como he dicho– **la misma honra se pierde con desearla,** en especial en las mayorías, que no hay tóxico en el mundo que así mate como estas cosas la perfección.
(CP.12,7)

3 AGOSTO
Santos Martín, Eufronio, Pedro
Esta casa es un cielo, si le puede haber en la tierra. Para quien se contenta sólo de contentar a Dios y no hace caso de contento suyo. (CP.13,7)

4 AGOSTO
Santos Juan M. Vianney, Jacinto, Rainiero, Aristarco
El verdadero humilde ha de desear con verdad ser tenido en poco y perseguido y condenado sin culpa, aun en cosas graves. Porque si quiere imitar al Señor, ¿en qué mejor puede que en esto? Que aquí no son menester fuerzas corporales ni ayuda de nadie, sino de Dios. (CP.15,2)

5 AGOSTO
Dedicación Basílica Santa María la Mayor, Virgen de las Nieves, Virgen Blanca
No puedo entender cómo haya ni pueda haber **humildad sin amor, ni amor sin humildad,** ni es posible estar estas dos virtudes sin gran desasimiento de todo lo creado. (CP.16,2)

6 AGOSTO
Transfiguración del Señor. Santos Justo y Pastor, Hormisdas
Mirad que es hermoso trueco dar nuestro amor

por el suyo; mirad que lo puede todo y acá no podemos nada sino lo que Él no hace poder. Pues **¿qué es esto que hacemos por Vos, Señor,** hacedor nuestro? Que es tanto como nada, una determinacioncilla. Pues si lo que no es nada quiere Su Majestad que merezcamos por ello el todo, no seamos desatinadas. (CP.16,10)

7 AGOSTO
Santos Sixto II, Cayetano, Alberto, Donato, Afra, Miguel de la Mora

¡Oh Señor! que **todo el daño nos viene de no tener puestos los ojos en Vos,** que si no mirásemos otra cosa sino al camino, presto llegaríamos; mas damos mil caídas y tropiezos y erramos el camino por no poner los ojos –como digo– en el verdadero camino. (CP.16,11)

8 AGOSTO
Santos Domingo de Guzmán, Bonifacia Rodríguez, Ciariaco

A este glorioso Santo **(Santo Domingo)** he visto algunas veces, y me ha dicho algunas cosas y agradecídome la oración que hago por su Orden y prometido de encomendarme al Señor. Mas cada Orden había de procurar, o cada uno de ellas por sí, que por sus medios hiciese el Señor tan dichosa su Orden que, en tan gran necesidad como ahora tiene la Iglesia, le sirviesen. ¡Dichosas vidas que en esto se acabaren! (V.40,15)

9 AGOSTO
Santos Teresa Benedicta de la Cruz (Edith Stein), Román

Porque verdaderamente, es de **gran humildad verse condenar sin culpa y callar,** y es gran imitación del Señor que nos quitó todas las culpas. Y así os ruego mucho traigáis en esto gran estudio, porque trae consigo grandes ganancias. (CP.15,1)

10 AGOSTO
Santos Lorenzo, Blano

Acostumbrarse a **soledad** es gran cosa para la **oración;** y pues éste ha de ser el cimiento de esta casa, es menester traer estudio en aficionarnos a lo que a esto más nos ayuda. (CP.4,9)

11 AGOSTO
Santos Clara, Susana, Rufino, Alejandro.

El día de Santa **Clara,** yendo a comulgar, se me apareció con mucha hermosura; díjome que me esforzase adelante en lo comenzado, que ella me ayudaría. Yo la tomé gran devoción, y ha salido tan verdad, que un monasterio de monjas de su Orden, nos ayuda a sustentar. (V.33,13)

12 AGOSTO
Santos Juana F. de Chantal, Aniceto y Focio. Beata Victoria Díez

Miren que la verdadera **humildad** está mucho en estar muy prontos en contentarse con lo que el Señor quisiere hacer con ellos y siempre hallarse indignos de llamarse sus siervos. Pues si contemplar y tener oración mental y vocal, y curar enfermos y servir en las cosas de la casa y trabajar, sea en lo más bajo, todo es servir al Huésped que se viene con nosotras a estar y a comer y recrear, ¿qué más se nos da en lo uno que en lo otro? (CP.17,6)

13 AGOSTO
Santos Ponciano e Hipólito, Máximo el Confesor, Radegunda, Benildo

Está claro que, pues lo es que a los que Dios mucho quiere lleva por camino de trabajos, y mientras más ama, mayores, no hay por qué creer que tiene aborrecidos **los contemplativos, pues por su boca los alaba y tiene por amigos.** (CP.18,1)

14 AGOSTO
Santos Maximiliano Mª Kolbe, Marcelo, Arnulfo

Todo lo toma en cuenta este **Señor** nuestro; a todo hace como lo queremos. Para tomarnos cuenta no es nada menudo, sino **generoso,** por grande que sea el alcance, tiene Él en poco perdonarle. Para pagarnos es tan mirado, que no hayáis miedo que un alzar de ojos con acordarnos de Él deje sin premio. (CP.23,3)

15 AGOSTO
ASUNCIÓN DE LA VIRGEN MARÍA.
Santos Tarsicio, Luis, Manuel, Salvador y David
Un día de la **Asunción** de la Reina de los Ángeles y Señora nuestra, me quiso el Señor hacer esta merced, que en un arrobamiento se me representó su subida al cielo, y la alegría y solemnidad con que fue recibida y el lugar donde está. Fue grandísima la gloria que mi espíritu tuvo de ver tanta gloria. (V.39.26)

16 AGOSTO
Santos Esteban de Hungría, Roque, Teodoro
Lo que podemos hacer nosotros es procurar estar a solas, y plega a Dios que baste – como digo – para que entendamos con quién estamos y lo que nos responde el Señor a nuestras peticiones. ¿Pensáis que se está callando? Aunque no le oímos, bien **habla al corazón cuando le pedimos de corazón.** (CP.24,5)

17 AGOSTO
Santos Jacinto de Polonia, Beatriz de Silva, Eusebio, Clara de Montefalco

Y bien es consideremos somos cada uno de nosotros a quien enseñó esta oración y que nos la está mostrando, pues nunca el maestro está tan lejos del discípulo que sea menester dar voces, sino muy junto. Esto quiero yo, entendáis vosotras os conviene para **rezar bien el Paternóster:** no apartarse de cabe el maestro que os le mostró. (CP.24,5)

18 AGOSTO
Santos Alberto Hurtado, Elena. Beato Manés de Guzmán

La examinación de la conciencia y decir la confesión y santiguaros, ya se sabe ha de ser lo primero. Procurad luego, hija, pues estáis sola, tener compañía. ¿Pues qué mejor que la del mismo Maestro que enseñó la oración que vais a rezar? Representad al mismo Señor junto con vos y mirad con qué amor y humildad os está enseñando; y creedme, **mientras pudiereis no estéis sin tan buen amigo.** (CP.26,1)

19 AGOSTO
Santos Juan Eudes, Ezequiel Moreno, Luis, Sixto, Magín

Si os acostumbráis a traerle cabe vos y Él ve

que lo hacéis con amor y que andáis procurando contentarle, no le podréis –como dicen– echar de vos; no os faltará siempre; ayudaros ha en todos vuestros trabajos; tenerle heis en todas partes: **¿pensáis que es poco un tal amigo al lado?** (CP.26,1)

20 AGOSTO
Santos Bernardo, Samuel, Leovigildo, Cristóbal
No os pido ahora que penséis en Él, ni que saquéis muchos conceptos, ni que hagáis grandes y delicadas consideraciones con vuestro entendimiento; **no os pido más que le miréis.** Pues ¿quién os quita volver los ojos del alma, aunque sea de presto si no podéis más, a este Señor? (CP.26,3)

21 AGOSTO
Santos Pío X, Ciriaca, José Dang Dinh
Nunca, hijas, quita vuestro Esposo los ojos de vosotras; haos sufrido mil cosas feas y abominaciones contra Él y no ha bastado para que os deje de mirar, ¿y es mucho que, quitados los ojos de estas cosas exteriores, **le miréis algunas veces a Él**? Mirad que no está aguardando otra cosa como dice la esposa, sino que le miremos. Como le quisiereis, le hallaréis. Tiene en tanto que le volvamos a mirar, que no quedará por diligencia suya. (CP.26,3)

22 AGOSTO
María Reina. Santos Sinforiano, Felipe Benizi, Juan Kemble

Procurad traer **una imagen** o retrato de este Señor que sea a vuestro gusto; no para traerle en el seno y nunca le mirar, sino **para hablar muchas veces con Él**, que Él os dará que le decir. (CP.26,9)

23 AGOSTO
Santos Rosa de Lima, Eugenio, Abundio e Ireneo

Como habláis con otras personas, **¿por qué os han más de faltar palabras para hablar con Dios?** No lo creáis; al menos yo no os creeré si lo usáis; porque si no, el no tratar con una persona causa extrañeza y no saber cómo nos hablar con ella, que parece no la conocemos, y aun aunque sea deudo; porque deudo y amistad se pierden con la falta de comunicación. (CP.26,9)

24 AGOSTO
Santos Bartolomé Apóstol, Jorge, Juana Antida Thouret, Emilia de Vialar

También es gran remedio **tomar un libro** de romance bueno, aún para recoger el pensamiento, para venir a rezar bien vocalmente, y poquito a poquito ir acostumbrando el alma con halagos y artificio para no la amedrentar. (CP.26,10)

25 AGOSTO
Santos Luis IX de Francia, José de Calasanz. Beato Luis Urbano

Juntaos cabe este buen Maestro, muy determinadas a aprender lo que os enseña, y Su Majestad hará que no dejéis de salir buenas discípulas, ni os dejará si no le dejáis. Mirad las palabras que dice aquella boca divina, que en la primera entenderéis luego el amor que os tiene, que no es pequeño bien y **regalo del discípulo ver que su maestro le ama.** (CP.26,10)

26 AGOSTO
Santos Teresa de J. Jornet, Melquisedec. Beato Junípero Serra

Quiso el Señor que viese aquí algunas veces esta visión: veía un ángel cabe mí hacia el lado izquierdo, en forma corporal, lo que no suelo ver sino por maravilla; no era grande, sino pequeño, hermoso mucho, el rostro tan encendido que parecía de los ángeles muy subidos que parecen todos se abrasan: deben ser lo que llaman querubines, que los nombres no me los dicen. Veíale en las manos un dardo de oro largo, y al fin del hierro me parecía tener un poco de fuego; éste me parecía meter en el corazón algunas veces y que me llegaba a las entrañas. Al sacarle, me parecía las llevaba consigo, y **me dejaba toda abrasada en amor grande de Dios.** (V.29,13)

27 AGOSTO
Santos Mónica, Cesáreo de Arlés, Amadeo, David Lewis

El amor que nos tuvo y tiene me espanta a mí más y me desatina, siendo los que somos. (C.1,7)

28 AGOSTO
Santos Agustín, Julián, Hermes, Alejandro

En este tiempo me dieron las *Confesiones*, de **San Agustín,** que parece el Señor lo ordenó, porque yo no las procuré, ni nunca las había visto. Yo soy muy aficionada a San Agustín, porque el monasterio adonde estuve de seglar era de su Orden, y también por haber sido pecador, que en los Santos que después de serlo el Señor tornó a Sí, hallaba yo mucho consuelo, pareciéndome en ellos había de hallar ayuda; y como los había el Señor perdonado, podía hacer a mí. (V.9,7)

29 AGOSTO
Martirio de San Juan Bautista. Santos Sabina, Víctor, Adelfo

Padre nuestro que estás en los cielos... ¡Oh Hijo de Dios y Señor mío!, ¿cómo dais junto a la primera palabra? Ya que os humilláis a Vos con extremo tan grande en juntaros con nosotros al pedir y haceros hermano de cosa tan baja y miserable, ¿cómo nos dais en nombre de vuestro Padre todo lo que se puede dar, pues queréis que nos tenga por hijos, que vuestra palabra no puede faltar?. (CP.27,2)

30 AGOSTO
Santos Juana Jugan, Félix y Adauto, Margarita Ward

En **siendo Padre nos ha de sufrir por graves que sean las ofensas.** Si nos tornamos a Él, como al hijo pródigo hanos de perdonar, hanos de consolar en nuestros trabajos, hanos de sustentar como lo ha de hacer un tal Padre, que forzado ha de ser mejor que todos los padres del mundo, porque en él no puede haber sino todo bien cumplido. (CP.27,2)

31 AGOSTO
Santos Ramón Nonato, José de Arimatea y Nicodemo, Dominguito del Val

¡Oh buen Jesús! ¡Qué claro habéis mostrado **ser una cosa con Él (Padre),** y que vuestra voluntad es la suya y la suya vuestra! ¡Qué confesión tan clara, Señor mío! ¡Qué cosa es el amor que nos tenéis! (CP.27,4)

SEPTIEMBRE

1 SEPTIEMBRE
Santos Josué, Gil, Sixto, Vicente

Padre nuestro que estás en los cielos... Pues ¿qué hijo hay en el mundo que no procure **saber quién es su padre,** cuando le tiene bueno y de tanta majestad y señorío? Aun si no lo fuera, no me espantara no nos quisiéramos conocer por sus hijos, porque anda el mundo tal que si el padre es más bajo del estado en que está el hijo, no se tiene por honrado en conocerle por padre. (CP.27,5)

2 SEPTIEMBRE
Santos Antonino, Zenón, Teódota.
Beata Ingrid

Buen Padre os tenéis, que os da el buen Jesús; no se conozca aquí otro padre para tratar de Él; y procurad hijas mías, ser tales que merezcáis regalaros con Él, y echaros en su brazos. Ya sabéis que no os echará de sí, si sois buenas hijas; ¿pues **quién no procurará no perder tal Padre**? (CP.27, 6)

3 SEPTIEMBRE
Santos Gregorio Magno, Basilisa, Sandalio

Hay ratos que cansados de andar, los pone el Señor en un sosiego de las potencias y quietud del alma que, como por señas, les da claro a entender **a qué sabe lo que se da a los que el Señor lleva a su reino;** y a los que se les da acá como le pedimos, les da prendas para que por ellas tengan gran esperanza de ir a gozar perpetuamente lo que acá se les da a sorbos.
(CP.30,6)

4 SEPTIEMBRE
Santos Moisés, Marcelo, Cándida, Rosalía. Ntra. Sra. de la Consolación

Conozco una persona que **nunca pudo tener sino oración vocal,** y asida a ésta lo tenía todo; y si no rezaba, íbasele el entendimiento tan perdido que no lo podía sufrir. Mas ¡tal tengamos todas la mental! En ciertos Paternóster que rezaba, a las veces que el Señor derramó sangre, se estaba algunas horas.
(CP.30,7)

5 SEPTIEMBRE
Santos Bertín, Urbano, Pedro Nguyen. Beata Teresa de Calcuta

Vino una vez a mí muy congojada, que no sabía

tener oración mental ni podía contemplar, sino rezar vocalmente. Pregúntele qué rezaba, y vi que **asida al Paternóster tenía pura contemplación** y la levantaba el Señor a juntarla consigo por unión; y bien se parecía en sus obras recibir tan grandes mercedes, porque bastaba muy bien su vida. (CP.30,7)

6 SEPTIEMBRE
Ntra. Sra. de Guadalupe (España).
Santos Zacarías, Onesíforo, Bega

Siéntese grandísimo deleite en el cuerpo y grande satisfacción en el alma **(oración de quietud).** Está tan contenta de sólo verse cabe la fuente, que aun sin beber está ya harta; no le parece hay más que desear: las potencias sosegadas, que no querrían bullirse; todo parece le estorba a amar, aunque no tan perdidas, porque pueden pensar en cabe quién están. (CP.31,3)

7 SEPTIEMBRE
Santos Regina, Madelberta, Clodoaldo

La voluntad es aquí la cautiva, y si alguna **pena** puede tener estando así, es de ver que ha de **tornar a tener libertad.** El entendimiento no querría entender más de una cosa, ni la memoria ocuparse en más; aquí ven que ésta solo es necesaria y todas las demás la turban. El cuerpo no querrían se menease, porque les parece han de perder aquella paz y así no se osan bullir, dales pena el hablar; en decir "Padre nuestro" una vez, se les pasará una hora. (CP.31,3)

8 SEPTIEMBRE
Natividad de María. Santos Fausto, Sergio. Beato Federico Ozanam

El día de nuestra Señora de la Natividad tengo particular alegría. Cuando este día viene, parecíame sería bien renovar los votos. Y queriéndolo hacer, se me representó la Virgen Señora nuestra por visión iluminativa y parecióme los hacía en sus manos y que le eran agradables. (Rel.48)

9 SEPTIEMBRE
Santos Pedro Claver, María de la Cabeza

Mirad que hacéis mucho **más con una palabra** de cuando en cuando del Paternóster, **que con decirle muchas veces aprisa.** Está muy junto a quien pedís, no os dejará de oír; y creed que aquí es el verdadero alabar y santificar de su nombre, porque ya, como cosa de su casa, glorificáis al Señor y alabáisle con más afección y deseo, y parece no podéis dejarle de servir. (CP.31,13)

10 SEPTIEMBRE
Santos Nicolás de Tolentino, Pedro de Mezonzo. Beato Francisco Gárate

Porque **hecha la tierra cielo,** será posible hacerse en mí **vuestra voluntad.** Mas sin esto y en tierra tan ruin como la mía y tan sin fruto, yo no sé, Señor, cómo sería posible. (CP.32,2)

11 SEPTIEMBRE
Santos Proto y Jacinto, Félix y Régula, Emiliano. Ntra. Sra. de Coromoto

Decir que **dejaremos nuestra voluntad** en otra parece muy fácil, hasta que, probándose, se entiende es la cosa más recia que se puede hacer, si se cumple como se ha de cumplir. (CP.32,5)

12 SEPTIEMBRE
Dulcísimo Nombre de María. Santos Guido, Albeo. Ntra. Sra. de la Fuensanta

Pues quiéroos avisar y acordar **qué es su voluntad.** No hayáis miedo sea daros riquezas, ni deleites, ni honras, ni todas estas cosas de acá; no os quiere tan poco y tiene en mucho lo que le dais, y quiéreoslo pagar bien, pues os da su reino aun viviendo. ¿Queréis ver cómo se ha con los que de veras le dicen esto? Preguntadlo a su

Hijo glorioso, que se lo dijo cuando la oración del Huerto. (CP.32,6)

13 SEPTIEMBRE
Santos Juan Crisóstomo, Julián, Marcelino

Todo lo que os he avisado en este libro va dirigido a este punto de **darnos del todo al Criador** y poner nuestra voluntad en la suya y desasirnos de la criaturas, y tendréis ya entendido lo mucho que importa. (CP.32,9)

14 SEPTIEMBRE
Exaltación de la Santa Cruz.
Santos Alberto, Notburga

Si quiere ganar libertad de espíritu y no andar siempre atribulado, comience a **no espantarse de la cruz,** y verá cómo se la ayuda también a llevar el Señor, y con el contento que anda y el provecho que saca en todo. (V.11,17)

15 SEPTIEMBRE
Ntra. Sra. de los Dolores. Santos Nicomedes, Valeriano, Alpino

Cuando en la oración del Huerto, iba a despertar a sus Apóstoles; pues con más razón se quejara a su **Madre y Señora** nuestra cundo estaba **al pie de la cruz** y no dormida, sino padeciendo su santísima ánima y muriendo dura muerte, y siempre nos consuela más quejarnos a los que sabemos sienten nuestros trabajos y nos aman más. (C.3,2)

16 SEPTIEMBRE
Santos Cornelio y Cipriano, Juan Macías, Eufemia, Rogelio

Pues visto el buen Jesús la necesidad, buscó un medio admirable adonde nos mostró el extremo de amor que nos tiene, y en su nombre y en el de sus hermanos, pidió ésta petición: **"El pan nuestro de cada día dánoslo hoy, Señor".** Entendamos, hermanas, por amor de Dios, esto que pide nuestro buen Maestro, que nos va la vida en no pasar de corrida por ello, y tened en muy poco lo que habéis dado, pues tanto habéis de recibir. (CP.33,1)

17 SEPTIEMBRE
Santos Roberto Belarmino, Pedro Arbués, Lamberto, Columba

Pues ¿qué padre hubiera, Señor, que habiéndonos dado a su hijo, y tal hijo, y parándole tal, quisiera consentir **se quedara entre nosotros cada día a padecer**? Por cierto, ninguno, Señor, sino el vuestro; bien sabéis a quién pedís. (CP.33,3)

18 SEPTIEMBRE
Santos José de Cupertino, Ariadna, Sofía, Domingo Trach

¡Oh, válgame Dios, **qué gran amor del Hijo, qué gran amor del Padre!** Aun no me espanto tanto del buen Jesús, porque como había dicho "fiat voluntas tua" habíalo de cumplir como quien es. Sí, que no es como nosotros. (CP.33,3)

19 SEPTIEMBRE
Santos Jenaro, Alonso de Orozco, Mariano, María de Cervelló

"*Fiat voluntas tua*" ¡Oh Señor Eterno! ¿Cómo aceptáis tal petición? ¿Cómo lo consentís? No miréis su amor, que a trueque de hacer cumplidamente vuestra voluntad y de hacer por nosotros, se dejará cada día hacer pedazos. Es vuestro de mirar, Señor mío, ya que a vuestro Hijo no se le pone cosa delante. ¿Por qué calla a todo y no sabe hablar por sí, sino por nosotros? Pues, **¿no ha de haber quien hable por este amantísimo Cordero?** (CP.33,4)

20 SEPTIEMBRE
Santos Andrés Jim, Pablo Chong, Juan Carlos Cornay

Esto os enternezca el corazón, hijas mías, para amar a vuestro Esposo; que no hay esclavo que

de buena gana diga que lo es, y que el buen
Jesús parece se honra de ello. ¡Oh Padre
Eterno, que mucho merece esta humildad!
¿Con qué tesoro compramos a vuestro Hijo?
Venderle, ya sabemos que por treinta dineros,
mas **para comprarle, no hay precio que baste.**
(CP.33,4-5)

21 SEPTIEMBRE
Santos Mateo Apóstol, Jonás, Cástor, Landelino, Maura

Dánoslo hoy, Señor, **ser nuestro cada día,** me
parece a mí porque acá le poseemos en la tierra
y le poseeremos también en el cielo, si nos
aprovechamos bien de su compañía; pues no se
queda para otra cosa con nosotros, sino para
ayudarnos y animarnos y sustentarnos a hacer
esta voluntad que hemos dicho se cumpla en
nosotros. (CP.34,1)

22 SEPTIEMBRE
Santos Florencio, Mauricio, Emérita

Su Majestad nos le dio, como he dicho, este
mantenimiento y maná de la humanidad; que
le hallaremos como queremos, y que si no es
por nuestra culpa, no moriremos de hambre;
que de todas cuantas maneras quisiere comer el
alma, hallará en el **Santísimo Sacramento** sabor
y consolación. No hay necesidad ni trabajo ni

persecución que no sea fácil de pasar si comenzamos a gustar de los suyos. (CP.34,2)

23 SEPTIEMBRE
Santos Pío de Pietrelcina, Zacarías e Isabel, Lino. BB. Cristóbal, Antonio y Juan

Pedid vosotras, hijas, con este Señor al Padre que os deje "hoy" a vuestro Esposo, que no os veáis en este mundo sin Él; que baste para templar tan gran contento que quede tan disfrazado en estos **accidentes de pan y vino,** que es harto tormento para quien no tiene otra cosa que amar ni otro consuelo; mas suplicadle que no os falte y que os dé aparejo para recibirle dignamente. (CP.34,3)

24 SEPTIEMBRE
Ntra. Sra. de la Merced.
Santos Gerardo Sagredo, Antonio González

Así que, hermanas, tenga quien quisiere cuidado de pedir ese pan; nosotras pidamos al Padre Eterno merezcamos recibir el nuestro **Pan celestial** de manera que, ya que los ojos del cuerpo no se pueden deleitar en mirarle por estar tan encubierto, se descubra a los del alma y se le dé a conocer, que es otro mantenimiento de contentos y regalos y que sustenta la vida. (CP.34,5)

25 SEPTIEMBRE
Santos Cleofás, Fermín y Tata y 4 hijos
¿Pensáis que no es mantenimiento aun para estos cuerpos este **santísimo manjar,** y gran medicina aun para los males corporales? Yo sé que lo es, y conozco una persona de grandes enfermedades que, estando muchas veces con graves dolores, como con la mano se le quitaban y quedaba buena del todo. (CP.34,6)

26 SEPTIEMBRE
Santos Cosme y Damián, Gedeón, Nilo, Lucía Kim
Mas ésta (persona) habíala el Señor dado tan viva fe, que cuando oía algunas personas decir que quisieran ser en el tiempo que andaba Cristo nuestro bien en el mundo, se reía entre sí, pareciéndole que, teniéndole tan verdaderamente en el **Santísimo Sacramento** como entonces, que ¿qué más se le daba? (CP.34,6)

27 SEPTIEMBRE
Santos Vicente de Paúl, Cayo, Adolfo y Juan
Mas sé de esta persona, **cuando comulgaba,** ni más ni menos que si viera con los ojos corporales entrar en su posada al Señor, procuraba esforzar la fe, para que, como creía verdaderamente entraba este Señor en su pobre posada, desocupábase de todas las cosas exteriores

cuanto le era posible y entrábase con Él. (CP.34,7)

28 SEPTIEMBRE
Santos Lorenzo Ruiz, Wenceslao. Simón de Rojas

Procuraba recoger los sentidos para que todos entendiesen tan gran bien. Considerábase a sus pies y lloraba como la Magdalena, ni más ni menos que si con los ojos corporales le viera en casa del fariseo; aunque no sintiese devoción, la **fe la decía que estaba bien allí.** (CP.34,7)

29 SEPTIEMBRE
Santos Arcángeles Miguel, Gabriel y Rafael

Ofrecía lo que hacía, si era alguna buena obra. Tomaba santos devotos por que me librasen del demonio. Andaba novenas, encomendábame a San Hilarión, a **San Miguel,** ángel, con quien por esto tomé devoción, y otros muchos santos. (V.27,1)

30 SEPTIEMBRE
Santos Jerónimo, Eusebia, Antonio, Honorio

Y así se determine, aunque para toda la vida le dure esta sequedad, **no dejar a Cristo caer con la cruz.** Tiempo vendrá que se la pague por junto; no haya miedo que se pierda el trabajo; a buen amo sirve, mirándola está. No haga caso de malos pensamientos; mire que también los representaba el demonio a San Jerónimo en el desierto. (V.11,10)

OCTUBRE

1 OCTUBRE
Santos Teresa del Niño Jesús, Verísimo, Máxima y Julia, Román. B. Juan de Palafox

… considerar nuestra alma como un castillo todo de un diamante o muy claro cristal, adonde hay muchos aposentos, así como en el cielo hay muchas moradas… y en el centro y mitad de todas éstas tiene la más principal, que es adonde pasan la cosas de mucho secreto entre Dios y el alma… la puerta para entrar en este castillo es **la oración.** (Moradas 1, cap. 1,1; 1,3; 1,7)

2 OCTUBRE
Santos Ángeles Custodios, Saturio

Es cosa tan importante este conocernos que no querría en ello hubiese jamás relajación, por subidas que estéis en los cielos; pues mientras estamos en esta tierra no hay cosa que más nos importe que la **humildad.** (Moradas 1, cap. 2,9)

3 OCTUBRE
Santos Francisco de Borja, Dionisio Areopagita, Gerardo

Y a mi parecer jamás nos acabamos de conocer si no procuramos **conocer a Dios;** mirando su grandeza, acudamos a nuestra bajeza; y mirando su limpieza, veremos nuestra suciedad; considerando su humildad, veremos cuán lejos estamos de ser humildes. (Moradas 1, cap. 2,9)

4 OCTUBRE
Santos Francisco de Asís, Áurea de París, Petronio, Quintín

Pongamos los ojos en **Cristo,** nuestro bien, y allí aprenderemos la verdadera **humildad,** y en sus santos, y ennoblecerse ha el entendimiento. (Moradas 1, cap. 2,11)

5 OCTUBRE
Santos Mª Faustina Kowalska, Apolinar, Mauro y Plácido

Entendamos, hijas mías, que la perfección verdadera es el **amor de Dios y del prójimo,** y mientras con más perfección guardáremos estos dos mandamientos, seremos más perfectas. (Moradas 1, cap. 2,17)

6 OCTUBRE
Santos Bruno, María Francisca, Román

Abrazaos con la cruz que vuestro Esposo llevó sobre sí y entended que ésta ha de ser vuestra empresa; la que más pudiere padecer, que padezca más por Él, y será la mejor librada. (Moradas 2, 7)

7 OCTUBRE
Ntra. Sra. la Virgen del Rosario. Santos Justina, Martín Cid, Marcelo

Toda la pretensión de quien comienza **oración** ha de ser trabajar y determinarse y disponerse con cuantas diligencias pueda a hacer **su voluntad conformar con la de Dios;** y estad muy cierta que en esto consiste toda la mayor perfección que se puede alcanzar en el camino espiritual; quien más perfectamente tuviere esto, más recibirá del Señor y más adelante está en este camino. (Moradas 2, 8)

8 OCTUBRE
Santos Hugo, Pelagia, Evodio, Reparada

No os desaniméis, si alguna vez cayereis para dejar de procurar ir adelante; que aún **de esa caída sacará Dios bien.** (Moradas 2, 9)

9 OCTUBRE
Santos Dionisio, Juan Leopardi, Luis Bertrán, Abrahán

Comenzóme mucho mayor amor y confianza de este Señor en viéndole, como con quien tenía conversación tan continua. Veía que, aunque era Dios, que era Hombre, que **no se espanta de las flaquezas de los hombres,** que entiende nuestra miserable compostura, sujeta a muchas caídas por el primer pecado que Él había venido a reparar, Puedo tratar con amigo aunque es Señor. (V.37,5)

10 OCTUBRE
Santos Tomás de Villanueva, Daniel Comboni, Casio y Florencio

Poned los ojos en el **Crucificado** y haráseos todo poco. Si Su Majestad nos mostró el amor con tan espantables obras y tormentos, ¿cómo queréis contentarle con sólo palabras? ¿Sabéis qué es ser espirituales de veras? **Hacerse esclavos de Dios.** (Moradas 7, cap. 4,8)

11 OCTUBRE
Santos María Soledad Torres, Felipe Diácono. Beato Juan XXIII

Es su cimiento la humildad (del castillo). Así que, hermanas, procurad ser la menor de todas y esclava suya, mirando cómo o por dónde las podéis hacer placer y servir; pues lo que hiciereis en este caso, hacéis más por vos que por ellas, poniendo piedras tan firmes, que no se os caiga el castillo. (Moradas 7, cap. 4,8)

12 OCTUBRE
Ntra. Sra. del Pilar. Santos Félix IV, Serafín, Maximiliano

Torno a decir, que es menester no poner vuestro fundamento sólo en **rezar y contemplar;** porque, si no procuráis virtudes y hay ejercicio de ellas, siempre os quedaréis enanas. (Moradas 7, cap. 4.9)

13 OCTUBRE
Santos Teófilo, Fausto, Jenaro y Marcial, Venancio

No hagamos torres sin fundamento, que el Señor no mira tanto la grandeza de las obras como **el amor con que se hacen;** y como hagamos lo que pudiéremos, hará Su Majestad que vayamos pudiendo cada día más y más, como no nos cansemos luego, sino que lo poco que dura esta vida –y quizá será más poco de lo que cada una piensa- interior y exteriormente ofrezcamos al Señor el sacrificio que pudiéremos, que Su Majestad le juntará con el que hizo en la cruz por nosotras al Padre, para que tenga el valor que nuestra voluntad hubiere merecido, aunque sean pequeñas las obras. (Moradas 7, cap.4,15)

14 OCTUBRE
Santos Calixto I. Beata María Poussepin

¡Oh mi Dios y mi Criador, que llagáis y no ponéis la medicina; herís y no se ve la llaga; matáis, dejando con más vida! En fin, Señor mío, hacéis lo que queréis como poderoso. Pues un gusano tan despreciado, mi Dios ¿queréis sufra estas contrariedades? Sea así, mi Dios, pues Vos lo queréis, que **yo no quiero sino quereros.** (Exclamaciones VI,1)

15 OCTUBRE
Santos Teresa de Jesús, Severo, Tecla

¡Oh ánima mía! Deja hacerse la voluntad de tu Dios; eso te conviene. Sirve y espera en su misericordia, que remediará tu pena, cuando la penitencia de tus culpas haya ganado algún perdón de ellas; **no quieras gozar sin padecer.** (Exclamaciones VI,3)

16 OCTUBRE
Santos Eduvigis, Margarita Mª Alacoque, Longinos, Gerardo Mayela

¡Oh esperanza mía y Padre mío y mi Criador y mi verdadero Señor y Hermano! Cuando considero en cómo decís que son **vuestros deleites** con los hijos de los hombres,** mucho se alegra mi alma. ¡Oh Señor del cielo y de la tierra!, ¡y qué palabras éstas para no desconfiar ningún pecador! (Exclamaciones VII,1)

17 OCTUBRE
Santos Ignacio de Antioquía, Oseas, Rufo y Zósimo

¡Oh ánima mía! considera el gran deleite y **gran amor que tiene el Padre** en conocer a su Hijo, y el Hijo en conocer a su Padre, y la inflamación con que el Espíritu se junta con ellos, y cómo ninguna se puede apartar de este amor y conocimiento, porque son una misma cosa. Estas soberanas Personas se conocen, éstas se aman y unas con otras se deleitan. (Exclamaciones VII,2)

18 OCTUBRE
Santos Lucas Evangelista, Amable, Asclepiades

Alégrate ánima mía, que hay quien ame a tu Dios como Él merece. Alégrate, que hay quien conoce su bondad y valor. Dale gracias que nos dio en la tierra quien así le conoce, como a su único Hijo. Debajo de este amparo podrás llegar y suplicarle que, pues **Su Majestad se deleita contigo,** que todas las cosas de la tierra no sean bastante a apartarte de deleitarte tú y alegrarte de tu Dios y en cómo merece ser amado y alabado y que te ayude para que tu seas alguna partecita para ser bendecido su nombre y que puedas decir con verdad: Engrandece y loa mi ánima al Señor. (Exclamaciones VII,3)

19 OCTUBRE
Santos Pedro de Alcántara, Juan de Brébeuf e Isaac, Pablo de la Cruz, Joel

¡Y qué bueno nos lo llevó Dios ahora en el bendito Fray **Pedro de Alcántara**! No está ya el mundo para sufrir tanta perfección. Este santo hombre de este tiempo era... Paréceme fueron cuarenta años los que me dijo había dormido sola hora y media entre noche y día, sentado, y la cabeza arrimada a un maderillo que tenía hincado en la pared. Echado, aunque quisiera, no podía, porque su celda no era más larga de cuatro pies y medio... Era muy viejo cuando le vine a conocer y tan extrema su flaqueza, que no parecía sino hecho de raíces de árboles. Con toda esta santidad era muy afable, aunque de pocas palabras, si no era con preguntarle. En éstas era muy sabroso, porque tenía muy lindo entendimiento. (V. 27. 16-18)

20 OCTUBRE
Santos Cornelio Centurión, Vital, Adelina, Andrés Calibia

Tenía muy creído que no había de faltar el Señor a las que no traían otro cuidado, sino en **cómo contentarle.** (Fundaciones 1,2)

21 OCTUBRE
Santos Hilarión de Gaza, Viator, Celina, Severino

El amor de **contentar a Dios** y la fe hacen posible lo que por razón natural no lo es. (Fundaciones 2,4)

22 OCTUBRE
Santas Nunilo y Alodía.
Beato Timoteo Giaccardo

¡Oh grandeza de Dios! ¡Y cómo mostráis vuestro poder en **dar osadía a una hormiga!** ¡Y cómo, Señor mío, no queda por Vos el no hacer grandes obras los que os aman, sino por nuestra cobardía y pusilanimidad! Como nunca nos determinamos, sino llenos de mil temores y prudencias humanas, así, Dios mío, obráis vos vuestras maravillas y grandezas. (Fundaciones 2,7)

23 OCTUBRE
Santos Juan de Capistrano, Marcos, Valerio
Yendo **con limpia conciencia y con obediencia,** nunca el Señor permite que el demonio tenga tanta mano que nos engañe de manera que pueda dañar el alma; antes viene él a quedar engañado. (Fundaciones 4,2)

24 OCTUBRE
Santos Antonio Mª Claret, Proclo
Como, Señor mío, vemos que nos libráis muchas veces de los peligros en que nos ponemos, aun para ser contra Vos, ¿cómo es de creer que no nos libraréis, cuando no se pretende cosa más que **contentaros y regalarnos con Vos**? (Fundaciones 4,4)

25 OCTUBRE
Santos Crisanto y Daría, Frutos, Valentín y Engracia, Bernardo Calbó
Yendo con humildad, mediante la misericordia de Dios, hemos de llegar a aquella ciudad de Jerusalén, adonde todo se nos hará **poco lo que se ha padecido,** o nonada, **en comparación de lo que se goza.** (Fundaciones 4,4)

26 OCTUBRE
Santos Albino, Fulco, Luciano y Marciano, Amando

El aprovechamiento del alma no está en pensar mucho, sino **en amar mucho.** (Fundaciones 5,2)

27 OCTUBRE
Santos Evaristo, Gaudioso, Vicente, Sabina y Cristeta

¿Cómo se adquirirá este amor? – **Determinándose a obrar y padecer,** y hacerlo cuando se ofreciere. Bien es verdad que del pensar lo que debemos al Señor y quién es y lo que somos, se viene a hacer una alma determinada y que es gran mérito, y para los principios muy conveniente. (Fundaciones 5,3)

28 OCTUBRE
Santos Simón y Judas Tadeo Apóstoles, Fidel, Francisco Serrano, Rodrigo Aguilar

¡Oh caridad de los que verdaderamente aman este Señor y conocen su condición! ¡Qué poco descanso podrán tener si ven que son un poquito de parte para que una alma sola se aproveche y ame más a Dios, o para darle algún consuelo, o para quitarla de algún peligro! ¡Qué mal descansará con este descanso particular suyo! Y cuando no puede con obras, con oración, importunando al Señor por las muchas almas que la lastima de ver que se pierden. Pierde ella su regalo, y lo tiene por bien perdido, porque no se acuerda de su contento, sino en **cómo hacer más la voluntad del Señor.** (Fundaciones 5,5)

29 OCTUBRE
Santos Narciso, Feliciano, Honorato, Joaquín Royo

Pues ¡ea, hijas mías!, no haya desconsuelo cuando la obediencia os trajere empleadas en cosas exteriores; entended que si es en la cocina, **entre los pucheros anda el Señor** ayudándoos en lo interior y exterior. (Fundaciones 5,8)

30 OCTUBRE
Santos Marcelo, Claudio, Lupercio y Victorico, Germán, Gerardo

En lo que está la suma perfección, claro está que no es en regalos interiores ni en grandes arrobamientos ni visiones ni en espíritu de profecía; sino en **estar nuestra voluntad tan conforme con la de Dios,** que ninguna cosa entendamos que quiere, que no la queramos con toda nuestra voluntad, y tan alegremente tomemos lo sabroso como lo amargo, entendiendo que lo quiere Su Majestad. (Fundaciones 5,10)

31 OCTUBRE
Santos Alonso Rodríguez, Jerónimo Hermosilla, Quintín. B. María de la Purísima

Esta fuerza tiene el amor, si es perfecto, que olvidamos nuestro contento por **contentar a quien amamos.** (Fundaciones 5,10)

NOVIEMBRE

1 NOVIEMBRE
TODOS LOS SANTOS
Veis aquí cómo **los santos** se holgaban con la injurias y persecuciones, porque tenían algo que presentar al Señor cuando le pedían. ¿Qué hará una tan pobre como yo, que tan poco ha tenido que perdonar y tanto hay que se me perdone? (CP.36,2)

2 NOVIEMBRE
TODOS LOS FIELES DIFUNTOS
El deseo e ímpetus tan grandes de **morir** se me han quitado, en especial desde el día de la Magdalena, que determiné de vivir de buena gana por **servir mucho a Dios,** si no es algunas veces, que todavía el deseo de verle, aunque más le desecho, no puedo. (Rel.21)

3 NOVIEMBRE
Santos Martín de Porres, Pedro Almató, Germán, Silvia. B. Manuel Lozano (Lolo)
Estaos vos con Él de buena gana; no perdáis tan

buena sazón de negociar como es la hora **después de haber comulgado.** Si la obediencia os mandare otra cosa, procurad dejar el alma con el Señor. (CP.34,10)

4 NOVIEMBRE
Santos Carlos Borromeo, Vital y Agrícola, Félix de Valois

Acabando de recibir al Señor, pues tenéis la misma persona delante, procurad cerrar los ojos del cuerpo y abrir los del alma y miraros al corazón. (CP.34,12)

5 NOVIEMBRE
Santos Ángela de la Cruz, Bertila, Domingo Mâu. Beata María Rafols

Si no hacemos caso de Él, sino que en recibiéndole nos vamos de con Él a buscar otras cosas más bajas, ¿qué ha de hacer? ¿Hanos de traer por fuerza a que le veamos que se nos quiere dar a conocer? No, que no le trataron tan bien cuando se dejó ver a todos al descubierto. (CP.34,13)

6 NOVIEMBRE
Santos Severo, Leonardo, Melanio. BB. Mártires del siglo XX en España

Lo mucho que importa este entrarnos a solas con Dios, por ser cosa tan importante, y cuando no comulgareis, y oyereis misa, podéis **comulgar espiritualmente,** que es de grandísimo provecho. (CP.35,1)

7 NOVIEMBRE
Santos Lázaro, Hierón, Florencio, Jacinto Castañeda. Beato Francisco Palau

Acordaos que hay pocas almas que le acompañen y le sigan en los trabajos; **pasemos por Él algo,** que Su Majestad os lo pagará. (CP.35,2)

8 NOVIEMBRE
Santos Godofredo, Adeodato. Beatos Juan Duns Escoto, Isabel de la Trinidad

Y pues todo lo sufre y sufriría por hallar sola un alma que le reciba y tenga en sí con amor, sea ésta la vuestra; porque a no haber ninguna, con razón no le consintiera quedar el Padre eterno con nosotros; sino que es tan amigo de amigos y tan señor de sus siervos, que como ve la voluntad de su buen **Hijo,** no le quiere estorbar obra tan excelente y adonde tan cumplidamente **muestra el amor que tiene a su Padre.** (CP.35,2)

9 NOVIEMBRE
Dedicación de la Basílica de Letrán. Santos Jorge, Ursino

Pues si cuando andaba en el mundo de sólo tocar sus ropas sanaba los enfermos, ¿qué hay que dudar que **hará milagros estando tan dentro de mí si tenemos fe,** y nos dará lo que pidiéramos, pues está en nuestra casa? No suelo pagar mal la posada si le hacen buen hospedaje. (CP.34,8)

10 NOVIEMBRE
Santos León Magno, Orestes, Andrés Avelino

¡Oh, válgame Dios, si entendiésemos qué cosa es **honra** y en qué está perder la honra! (CP.36,3)

11 NOVIEMBRE
Santos Martín de Tours,
Teodoro Estudita, Marina de Omura

¡Oh Señor, Señor! ¿Sois Vos **nuestro dechado y maestro**? Sí, por cierto. ¿Pues en qué estuvo vuestra honra, Honrador nuestro? ¿No la perdisteis en ser **humillado hasta la muerte**? No, Señor, sino que la ganasteis para todos. (CP.36,5)

12 NOVIEMBRE
Santos Josafat, Millán de la Cogolla, Nilo,
Margarito Flores

La humildad no inquieta ni desasosiega ni alborota el alma, por grande que sea; sino viene con paz y regalo y sosiego. (CP.39,2)

13 NOVIEMBRE
Santos Leandro, Estanislao de Kostka, Diego de Alcalá

¿Esconderse? ¡Oh, que **el amor de Dios** –si de veras es amor– es imposible! Si no, mirad un San Pablo, una Magdalena; en tres días el uno comenzó a entenderse que estaba enfermo de amor; éste fue San Pablo. La Magdalena desde el primer día, ¡y cuán bien entendido! (CP.40,3)

14 NOVIEMBRE
Santos José de Pignatelli, Rufo, Lorenzo O'Toole, Serapio

Es menester andar siempre con mucho cuidado y **apartarnos de todas las ocasiones y compañías** que no nos ayuden a llegarnos más a Dios. Tener gran cuenta con todo lo que hacemos, para doblar en ello nuestra voluntad, y cuenta con que lo que hablare vaya con edificación. (CP.41,4)

15 NOVIEMBRE
Santos Alberto Magno, Marino y Aniano, Leopoldo, José Pignatelli

Mientras más santas, más conversables con sus hermanas, y que aunque sintáis mucha pena si no van sus pláticas como vos las querríais hablar, nunca os extrañéis de ellas, si queréis aprovechar y ser amada. (CP.41,7)

16 NOVIEMBRE
Santos Margarita de Escocia, Gertrudis, Roque y Alfonso

Lo que mucho hemos de procurar, ser **afables y agradar** y contentar a las personas que tratamos, en especial a nuestras hermanos. (CP.41,7)

17 NOVIEMBRE
Santos Isabel de Hungría, Acisclo, Aniano, Hugo, Filipina Duchesne

Me estaba encomendando a Dios y algo apretada, por ser yo para tan poco y con tan mala salud que, muchas veces me parecía no se poder sufrir el trabajo conforme a mi bajo natural, me dijo el Señor: **Hija, la obediencia da fuerzas.** (F.prlo)

18 NOVIEMBRE
Dedicación de las Basílicas de San Pedro y San Pablo. San Román

Díjome Su Majestad: "No hayas miedo, hija, que nadie sea parte para quitarte de Mí". "Mira este clavo, que es señal que serás mi esposa desde hoy. De aquí adelante, no sólo como Criador y como Rey y tu Dios mirarás mi honra, sino como verdadera esposa mía: **mi honra es ya tuya y la tuya mía**". (Rel.35)

19 NOVIEMBRE
Santos Abdías, Matilde, Rafael Kalinowski, Inés de Asís

Otras veces me vienen unos **deseos de servir a Dios** con unos ímpetus tan grandes, que no lo sé encarecer, y con una pena de ver de cuán poco provecho soy. (Rel.1,4)

20 NOVIEMBRE
Santos Crispín, Edmundo, Francisco J. Cân

¡Oh Señor, Dios mío, y cómo tenéis palabras de vida, adonde todos los mortales hallarán lo que desean, si lo quisiéramos buscar! Mas ¡qué maravilla, Dios mío, que olvidemos vuestras palabras con la locura y enfermedad que causan nuestras malas obras! ¡Oh Dios mío, Dios, Dios hacedor de todo lo criado! Sois todopoderoso; son incomprensibles vuestras obras. Pues haced, Señor, **que no se aparten de mi pensamiento vuestras palabras.** (Exclamaciones VIII, 1)

21 NOVIEMBRE
Presentación de la Virgen María. Santos Gelasio I, Mauro, Rufo

Paréceme que ningún trabajo ni cosa se me pondría delante, ni **muerte ni martirio,** que no lo pasase con facilidad. (Rel.1,4)

22 NOVIEMBRE
Santos Cecilia, Filemón, Benigno

Una cosa me espanta, que estando de esta suerte, una sola palabra de las que suelo entender, o una visión, o un poco de recogimiento, que dure un Avemaría, o en **llegándome a comulgar,** queda el alma y el cuerpo tan quieto, tan sano y tan claro el entendimiento, con toda la fortaleza y deseos que suelo. (Rel.1,23)

23 NOVIEMBRE
Santos Clemente I, Columbano, Lucrecia. Beato Miguel A. Pro

Así os encomiendo mucho que, cuando leyereis algún libro y oyereis algún sermón o pensareis en **los misterios de nuestra sagrada fe,** que lo que buenamente no pudiereis entender no os canséis ni gastéis el pensamiento en adelgazar-lo. Cuando el Señor quiere darlo a entender, Su Majestad lo hace sin trabajo nuestro. (C.1,1-2)

24 NOVIEMBRE
Santos Andrés Dung-Lac, Crisógono, Flora y María, Mateo Alonso

Me ha acaecido, cuando me dan estas ansias por servirle, **querer hacer penitencias: mas no puedo.** Esto me aliviaría mucho y alegra, aunque no son casi nada, por la flaqueza de mi cuerpo; aunque si me dejase con estos deseos, creo haría demasiado. (Rel.1,5)

25 NOVIEMBRE
Santos Catalina, Moisés, Pedro y Águeda Yi

Algunas veces me da gran pena haber de tratar con nadie, y me aflige tanto, que me hace llorar harto, porque toda mi ansia es estar sola, y aunque algunas veces no rezo ni leo, **me consuela la soledad.** (Rel.1,6)

26 NOVIEMBRE
Santos Juan Berchmans, Delfina, Conrado. Beato Santiago Alberione

La conversación me parece pesada y que estoy como vendida, salvo con los que trato cosas de oración y del alma, que con éstos me consuelo y alegro. (Rel.1,6)

27 NOVIEMBRE
Ntra. Sra. de la Medalla Milagrosa. Santos Facundo y Primitivo

Otras veces me da gran pena haber de comer y dormir, y ver que yo, más que nadie, no lo puedo dejar; hágolo **por servir a Dios,** y así se lo ofrezco. (Rel.1,7)

28 NOVIEMBRE
Santos Catalina Labouré, Esteban, Andrés Trân

Todos estos deseos y más de virtud, me ha dado nuestro Señor después que me dio esta **oración quieta** con estos arrobamientos, y hállome tan mejorada, que me parece era antes una perdición. (Rel.1,8)

29 NOVIEMBRE
Santos Saturnino, Iluminada, Francisco A. Fasani. Beato Bernardo F. de Hoyos

Hame venido una determinación muy grande de **no ofender a Dios ni venialmente,** que antes moriría mil muertes que tal hiciese, entendiendo que lo hago. (Rel.1,9)

30 NOVIEMBRE
Santos Andrés Apóstol, Cutberto, Tadeo Liu

Determinación de que ninguna cosa que yo pensase ser más perfección y que haría servicio a nuestro Señor, diciéndolo quien de mí tiene cuidado y me rige, que no lo hiciese, sintiese cualquiera cosa, que **por ningún tesoro lo dejaría de hacer.** (Rel.1,9)

DICIEMBRE

1 DICIEMBRE
Santos Nahún, Florencia, Eligio, Edmundo. Beato Carlos de Foucauld

Estos deseos de **amar y servir a Dio y verle,** no son ayudados con consideración; mas con una inflamación y hervor tan excesivo, que torno a decir que si Dios no me remediase con algún arrobamiento, donde me parece queda el alma satisfecha, me parece sería para acabar presto la vida. (Rel.1,13)

2 DICIEMBRE
Santos Habacuc, Bibiana, Silverio

A los que veo más aprovechados y con estas determinaciones, y **desasidos y animosos,** los amo mucho, y con tales querría yo tratar, y parece que me ayudan. (Rel.1,14)

3 DICIEMBRE
Santos Francisco Javier, Sofonías, Lucio, Casiano

Me parece que ayuda Dios a los que por Él se ponen a mucho, y que **nunca falta a quien en Él solo confía.** (Rel.1,14)

4 DICIEMBRE
Santos Juan Damasceno, Bárbara, Juan Taumaturgo, Bernardo

Vanagloria, gloria a Dios, que yo entienda, no hay por qué la tener; porque veo claro en estas cosas que Dios da, no poner nada de mí, antes **me da Dios a sentir mis miserias.** (Rel.1,15)

5 DICIEMBRE
Santos Sabas, Juan Almond, Crispina

Cierto, por todas partes me parece no ha habido otra en el mundo que yo, y así **las virtudes de los otros** me parecen de harto más merecimiento, y que yo no hago sino recibir mercedes. (Rel.1,16)

6 DICIEMBRE
Santos Nicolás, Pedro Pascual

Estando en oración y aun casi siempre que yo pueda considerar un poco, aunque yo lo procurase, no puede pedir descansos, ni desearlos de Dios, porque veo que no vivió El sino con **hartos trabajos,** y éstos le suplico me dé **dándome primero gracia para sufrirlos.** (Rel.1,17)

7 DICIEMBRE
Santos Ambrosio, Sabino, Urbano, Fara

Todas las cosas de esta suerte y de muy subida perfección parece que se imprimen en la oración, tanto, que me espanto de ver tantas verdades y tan claras, que **me parecen desatino las cosas del mundo.** (Rel.1,18)

8 DICIEMBRE
INMACULADA CONCEPCIÓN DE MARÍA.
Santa Narcisa de Jesús

Nuestra Señora le debía ayudar mucho, que [el sacerdote] era muy devoto de su **Concepción**, y en aquel día hacía gran fiesta… y no se hartaba de dar gracias a Dios por haberle dado luz. Comenzando a poblarse estos **palomarcitos de la Virgen** Nuestra Señora, comenzó la Divina Majestad a mostrar sus grandezas en estas mujercitas flacas, aunque fuertes en los deseos y en el desasirse de todo lo criado, que debe ser lo que más junta el alma con su Criador, yendo con limpia conciencia. (V. 5,6; F. 4,5)

9 DICIEMBRE
Santos Juan Diego, Leocadia, Siro, Pedro Fourier

Cuando veo alguna persona que sabe cosa de mí, le querría dar a entender mi vida; porque me parece ser honra mía **que nuestro Señor sea alabado** y ninguna cosa se me da por lo demás. (Rel.1,25)

10 DICIEMBRE
Ntra. Sra. de Loreto. Santos Eulalia de Mérida, Mauro, Gregorio III

En muy grandes trabajos y persecuciones y contradicciones que he tenido hame dado Dios gran ánimo; y cuando mayores mayor, sin cansarme en padecer, y **con las personas que decían mal de mí,** no sólo no estaba mal con ellas, sino que me parece **las cobraba amor de nuevo.** (Rel.3,3)

11 DICIEMBRE
Santos Dámaso, Maravillas de Jesús, Daniel, Sabino

De mi natural suelo cuando deseo una cosa, ser impetuosa en desearla. Ahora **van mis deseos con tanta quietud,** que cuando los veo cumplidos, aun no entiendo si me huelgo. (Rel.3,4)

12 DICIEMBRE
Ntra. Sra. de Guadalupe (América). Santos Israel, Simón Phan

Siento mucho la perdición de tantas almas. Veo muchas aprovechadas, que conozco claro ha querido Dios que sea por mis medios, y conozco que por su bondad va en crecimiento mi alma en **amarle cada día más.** (Rel.3,8)

13 DICIEMBRE
Santos Lucía, Otilia, Autberto

Viénenme días que me acuerdo infinitas veces de lo que dice San Pablo –aunque a buen seguro que no sea así en mí–, que **ni me parece vivo yo,** ni hablo, ni tengo querer, sino que está en mí quien me gobierna y da fuerza, y ando como casi fuera de mí, y así me es grandísima pena la vida. (Rel.3,10)

14 DICIEMBRE
Santos Juan de la Cruz, Venancio Fortunato, Herón, Pompeyo

La mayor cosa que yo ofrezco a Dios por gran servicio, es cómo siéndome tan penoso estar apartada de Él, **por su amor quiero vivir.** Esto querría fuese con grandes trabajos y persecuciones. (Rel.3,10)

15 DICIEMBRE
Santos Valeriano, Maximino, María Cruciticada de Rosa

Guárdame tanto Dios en ofenderle, que, cierto, algunas veces me espanto, que me parece veo **el gran cuidado que trae de mí,** sin poner yo en ello casi nada, siendo un piélago de pecados y de maldades. (Rel.3,12)

16 DICIEMBRE
Santos Ageo, José Mañanet, Everardo, Adelaida

De este recogimiento viene algunas veces una quietud y paz interior muy regalada, que está el alma que no le parece le falta nada, que aun el hablar le cansa, digo el rezar y el meditar; **no querría sino amar.** Dura rato y aun ratos. (Rel.5,4)

17 DICIEMBRE
Santos Juan de Mata, Modesto

Esta presencia tan sin poderse dudar de las **tres Personas,** que parece claro se experimenta lo que dice San Juan, "que **haría morada con el alma",** esto no sólo por gracia, sino porque quiere dar a sentir esta presencia. (Rel.7,9)

18 DICIEMBRE
Nuestra Señora de la O, Esperanza, Macarena. Santos Malaquías, Pedro Nguyen

Se le representa con tanta fuerza estar presentes estas tres Personas, que con esto se ha remediado la pena de esta ausencia y queda el deseo de vivir, si Él quiere, para servirle más; y si pudiese, ser parte que siquiera **un alma le amase más** y alabase por mi intercesión, que aunque fuese por poco tiempo, le parece **importa más que estar en la gloria.** (Rel.7,9)

19 DICIEMBRE
Santos Anastasio I, Urbano, Gregorio

Díjome el Señor: "Mucho te desatinará, hija, si miras las leyes del mundo. **Pon los ojos en mí,** pobre y despreciado de él. ¿Por ventura serán los grandes del mundo, grandes delante de mí? ¿O habéis vosotras de ser estimadas por linajes o por virtudes? (Rel.8)

20 DICIEMBRE
Santos Domingo de Silos, Ceferino, Ursicino

Acabando de comulgar, **se me representó nuestro Señor Jesucristo** en visión imaginaria como suele, y estando yo mirándole, vi que en la cabeza, en lugar de corona de espinas, en toda ella —que debía ser adonde hicieron llaga- tenía una corona de gran resplandor... Díjome el Señor que no le hubiese lástima por aquellas heridas, sino por las muchas que ahora le daban. (Rel.9)

21 DICIEMBRE
Santos Pedro Canisio, Miqueas, Temístocles

Estando pensando una vez con cuánta más limpieza se vive estando apartada de negocios, y cómo cuando yo ando con ellos debo andar mal y con muchas faltas, entendí: "No puede ser menos, hija; procura en todo **recta intención y desasimiento, y mirarme a mí,** que vaya

lo que hicieres conforme a lo que yo hice".
(Rel.11)

22 DICIEMBRE
Santos Queremón, Isquirión, Francisca Javiera Cabrini

Estando un día muy penada por el remedio de la Orden, me dijo el Señor: "**Haz lo que [esté] en ti y déjame tú a Mí y no te inquietes por nada;** goza del bien que te ha sido dado, que es muy grande; mi Padre se deleita contigo y el Espíritu Santo te ama" (Rel.13)

23 DICIEMBRE
Santos Juan de Kety, Ivón, Juan Stone, María Margarita

Estando en oración tuve un gran arrobamiento y parecíame que **nuestro Señor me había llevado el espíritu** junto a su Padre y díjole: "Esta que me diste te doy", y parecía que me llegaba a sí. (Rel.15,3)

24 DICIEMBRE
Santos Antepasados de Jesús, Delfín, Tarsila

¡Oh hijas mías, que **es Dios muy buen pagador,** y tenéis un Señor y un Esposo que no se le pasa nada sin que lo entienda y lo vea! Y así, aunque sean cosas muy pequeñas, no dejéis de hacer por su amor lo que pudiereis. Su Majestad las pagará; no mirará sino el amor con que las hiciereis. (C.1,6)

25 DICIEMBRE
NATIVIDAD DEL SEÑOR

Llamo yo meditación a discurrir mucho con el entendimiento de esta manera: comenzamos a pensar en la merced que nos hizo Dios en darnos a su único Hijo... Os parecerá que quien goza de cosas tan altas no tendrá meditación en los misterios de la **sacratísima Humanidad de nuestro Señor** Jesucristo, porque se ejercitará ya toda en amor... Para espíritus angélicos es estar siempre abrasados en amor, que no para los que vivimos en cuerpo mortal, que es menester trate y piense y se acompañen de los que, teniéndole, hicieron tan grandes hazañas por Dios; cuánto más apartarse de industria de todo nuestro bien y remedio que es la sacratísima Humanidad de nuestro Señor Jesucristo. (Moradas 6, 7, 5 6)

26 DICIEMBRE
Santos Esteban, Dionisio, Zenón, Zósimo

Por cierto que pienso que si nos llegásemos al **Santísimo Sacramento** con gran fe y amor, que de una vez bastase para dejarnos ricas, ¡cuántas más de tantas! (C.3,13)

27 DICIEMBRE
Santos Juan Evangelista, Fabiola, Teodoro

También entendí: "No trabajes tú de tenerme a Mí encerrado en ti, sino de **encerrarte tú en Mí"**. Parecía que de dentro de mi alma –que estaban y vía yo estas tres Personas– se comunicaban a todo lo criado, no haciendo falta ni faltando de estar conmigo. (Rel.18)

28 DICIEMBRE
Santos Inocentes, Antonio, Gaspar de Búfalo

Y viendo tan gran majestad, ¿cómo osaría una pecadorcilla como yo, que tanto le ha ofendido, estar tan cerca de Él? **Debajo de aquel pan está tratable;** porque si el rey se disfraza no parece se nos daría nada de conversar sin tantos miramientos y respetos con Él; parece está obligado a sufrirlo, pues se disfrazó. (CP.34,9)

29 DICIEMBRE
Santos Tomás Becket, David Rey, Martiniano, Marcelo

Esto me parece debía de sentir (gozo) el admirable espíritu del real profeta **David,** cuando tañía y cantaba con el arpa, en alabanzas de Dios. De este glorioso Rey soy yo muy devota y querría todos lo fuesen, en especial los que somos pecadores. (V.16,3)

30 DICIEMBRE
Sagrada Familia. Santos Félix, Hermes, Rainiero, Rogelio

Esto me dijo el Señor otro día: "¿Piensas, hija, que está el merecer en gozar? No está sino **en obrar y en padecer y amar**". (Rel.36,1)

31 DICIEMBRE
Santos Silvestre, Columba, Melania, Juan F. Regis

Una vez, me mostró el Señor por una extraña manera de visión intelectual cómo estaba **el alma que está en gracia,** en cuya compañía vi la Santísima Trinidad por visión intelectual, de cuya compañía venía al alma un poder que señoreaba toda la tierra. (Rel.24)

EL CARMELO
EN EDIBESA

- **LIBRO DE LA VIDA,** autobiografía de Santa Teresa, extractos selectos grabados en 2 casetes y en dos CD's.
- **VIDA DE LA MADRE TERESA DE JESÚS, FUNDADORA DE LAS DESCALZAS Y DESCALZOS CARMELITAS,** por el P. Francisco de Ribera, S.J. La primera biografía de Santa Teresa, a los cinco años de su muerte. 677 págs.
- **VÉANTE MIS OJOS.** Santa Teresa para los cristianos de hoy, por el cardenal primado D. Marcelo González Martín. 246 págs.
- **SANTA TERESA. LA SANTA, LA MADRE, LA MAESTRA,** por el P. Julio Rouco, O.C.D. Su gran humanidad, a través de sus cartas. 251 págs.
- **SAN JUAN DE LA CRUZ.** Biografía íntima, escritos selectos, diccionario de su espiritualidad, por el P. Vicente Martínez-Blat, O.C.D.
- **CÁNTICO ESPIRITUAL,** de San Juan de la Cruz. Extractos selectos: libro, libro con 4 CD's, 4 casetes.

- **HISTORIA DE UN ALMA,** autobiografía de Santa Teresita del Niño Jesús. Libro de bolsillo y libro manual. Extractos selectos grabados en 2 casetes y 2 CD's.
- **OBRAS SELECTAS DE TERESA DE LISIEUX, DOCTORA DE LA IGLESIA:** Historia de un alma (íntegra) y selección de otras obras. 645 págs.
- **DICCIONARIO DE ESPIRITUALIDAD DE SANTA TERESITA,** por el P. Vicente Martínez-Blat, O.C.D. 368 págs.
- **SANTA TERESITA DÍA A DÍA,** vida íntima, por el P. Vicente Martínez-Blat, O.C.D. 215 págs.
- **SOR ISABEL DE LA TRINIDAD.** Biografía, escritos selectos, diccionario de espiritualidad, por Vicente Martínez-Blat.
- **HISTORIA PÓSTUMA DE SANTA DE LISIEUX,** por el P. Vicente Martínez-Blat, O.C.D. 365 págs.
- **CARTAS DESDE ALASKA** a las Carmelitas Descalzas, del P. Segundo Lorente, S.J. 268 págs.
- **SI TÚ LE DEJAS** (5.ª edición). Seguramente, la biografía más completa de Santa Maravillas de Jesús, por las Carmelitas del Cerro de los Ángeles y La Aldehuela. 548 págs.
- **CARTAS DE LA MADRE MARAVILLAS.** Antología epistolar. 508 págs.

- **VIDA MÍSTICA DE LA MADRE MARAVILLAS DE JESÚS,** por D. Baldomero Jiménez Duque. 270 págs.
- **FRUTOS DE LA SIEMBRA DE LA MADRE MARAVILLAS.** Catorce carmelitas ejemplares, discípulas de Santa Maravillas, por D. Baldomero Jiménez Duque. 116 págs.
- **NUESTRA DULCÍSIMA MADRE.** La Virgen María en la vida y escritos de Santa Maravillas, por el P. Rafael M.ª López Melús, O. Carm. 323 págs.
- **SANTA MARAVILLAS DE JESÚS.** Vida y mensaje. Libro: 80 págs. «Audiolibro»: CD o casete con el libro.
- **MADRE MARAVILLAS: UNA LLAMA QUE ARDE Y ENCIENDE.** 296 págs.
- En la colección «Un pensamiento para cada día», hay 4 títulos carmelitanos:

  SANTA TERESA,
  SAN JUAN DE LA CRUZ,
  SANTA TERESITA DEL NIÑO JESÚS,
  SANTA MARAVILLAS DE JESÚS.